马雷军◎总主编

生命安全课
教师指南

（小学高年级）

赵士谦/主编

中国轻工业出版社

图书在版编目（CIP）数据

生命安全课教师指南. 小学高年级 / 赵士谦主编. —北京：中国轻工业出版社, 2016.2

ISBN 978-7-5019-7649-2

Ⅰ. ①生… Ⅱ. ①赵… Ⅲ. ①安全教育—小学—教学参考资料 Ⅳ. ①G623.103

中国版本图书馆CIP数据核字(2016)第029316号

责任编辑：刘云辉　　责任终审：劳国强　　封面设计：刘　珍
版式设计：刘　珍　　责任监印：张　可

出版发行：中国轻工业出版社（北京东长安街6号，邮编：100740）
印　　刷：永清县晔盛亚胶印有限公司
经　　销：各地新华书店
版　　次：2016年2月第1版第1次印刷
开　　本：710×1000　1/16　　印张：14.5
字　　数：230千字
书　　号：ISBN 978-7-5019-7649-2　　定价：33.00元
邮购电话：010-65241695　传真：65128352
发行电话：010-85119835　85119793　传真：85113293
网　　址：http://www.chlip.com.cn
Email：club@chlip.com.cn
如发现图书残缺请直接与我社邮购联系调换
151614Y1X101HBW

编委会

总 主 编： 马雷军

本书主编： 赵士谦

本书副主编： 孔繁成　张祥兰　杨　岚

本书编委： 魏　泽　霍安琪　孙晓妍　郎剑峤
郭　红　胡广东　姜　彤　姜晨晖

总　序

孩子是家庭的希望，学生是祖国的未来。校园安全是教育的存在之本和发展之源，学校安全教育工作是否到位，直接关系到广大学生能否安全、健康地成长，关系到亿万家庭的切身利益，关系到社会的稳定发展。因此，加强学校安全教育，是学校教育工作中的一项重要内容，是教育科学发展的有力抓手，是学生获得全面健康发展的重要保证。

当前，我国处于经济发展的战略机遇期，同时，也是矛盾多发期，社会上还存在种种不和谐的现象，还有许多影响中小学生安全的外在因素，校园安全工作责任重于泰山。

安全是人们生活中极为重要而又很容易被忽视的问题。一方面，传统教育使中小学校教育、家庭教育的价值取向偏重于认知教育，而忽略对生命个体存在价值和生命质量的关注，安全教育停留在消极的保护状态。这也是造成中小学生安全意识弱，生存、自护、自理能力差，适应能力、抗挫折能力差，影响学生全面发展的主要原因；另一方面，随着社会经济的发展和教育改革的不断深入，中小学生的活动领域越来越广泛，自然灾害、突发事故时有发生，对广大师生的生命安全造成了极大的威胁。因此，重视和加强校园安全教育，是保证育人环境和学生健康成长的关键和前提。

青少年是21世纪的接班人，是祖国的希望和未来。学校安全教育搞得如何，直接关系到广大学生能否健康成长，关系到广大群众的切身利益，关系到社会稳定、民族兴旺和国家前途。加强校园安全教育是学生生命发展的需要，有利于学生的健康成长，有利于增强学生的生命意识和正确观念的形成，有助于培养其面临危险和灾难时的自信心和判断能力、自我保护能力、自救互救能力和对社会安全的贡献力，有利于社会、学校和家庭的和谐发展。

“一所没有安全保障的学校是不合格的学校；一个不具备安全意识的教师是不称职的教师”，保障孩子们的安全，是广大中小学校和教育工作者义不容辞的责任。中小学校和教师是开展生命教育、校园安全教育的承载者，是开展教育活动的主体和具体实施者，在培养中小学生自护自救能力、防灾逃生能力，帮助学生掌握遇到危险时自护、自救、逃生和报警的基本方法等方面，发挥着不可替代的作用。

本套书是帮助中小学教师开展教育教学活动和进行安全知识授课的指导丛书，主要包括以下两方面内容：

一是不同学段学生各类安全事故的预防与应对：依据不同学段学生的心理和生理特点，以分类的方式对各类安全事故的预防与应对进行认知性描述，具有知识性、系统性和可操作性的特点。

二是不同学段安全教育课程的教学设计：每个学段各类安全事故的预防和对应知识点2~4个。课程教学设计主要包括教学内容、教学设计、教学素材和知识链接四个层面。课程设计的安全知识深入浅出，充分考虑到不同学段学生的理解能力、学习能力和现实需求。

本丛书是在国家大力推进基础教育改革、加大中小学校安全教育的背景下编辑出版的，希望能对中小学安全教育任课教师和班主任开展校园安全教育教学及相关活动有所帮助和引导。书中引用并参考了很多相关文献及理论著作，在这里向有关作者表示衷心感谢！

由于能力和知识水平有限，书中难免有不足之处，敬请专家和广大教师赐教。

编　者

2015年11月于沈阳

前　言

小学高年级开展安全教育是增强学生生命意识、保证学生健康成长的重要措施。小学生好奇心强、思维敏捷，对什么问题都要问为什么，具有很强的可塑性。小学阶段是学生世界观、人生观和价值观形成的最为基础、最为关键的阶段，当今社会非常复杂，小学生免不了受到不良习气的影响，如果不及时进行正确的教育和引导，他们的思想、行为、心理很有可能就会出现问题。

本书的任务是指导小学高年级教师开展校园活动和进行校园安全知识授课，书中从六个方面对小学高年级学段学生面临的安全问题进行阐述，并提出预防和应对策略：一是社会安全类事故的预防与应对，二是公共卫生类事故的预防与应对，三是意外伤害类事故的预防与应对，四是网络信息类安全事故的预防与应对，五是自然灾害类事故的预防与应对，六是影响学生安全的其他事件的预防和应对。此外，书中还对小学高年级学段的安全教育的课程教学提出总体设计，既有利于指导教师开展校园活动，也便于教师开展校园安全教学。

目录

Contents

第一部分　预防和应对社会安全类事故

小学生是祖国的未来，通过加强社会安全教育，培养小学生的安全意识、知识和技能，提高他们面临突发安全事件自救自护的应变能力，对于提高我国国民整体的安全意识和自救、救护能力必将产生深远的积极影响。本部分分为三课，分别讲述在异常交往中、在突遇恐怖袭击时和遭遇性侵犯时应该如何应对以及相关的知识，其最终目的是使小学生学会保护自己。

第二部分　预防和应对公共卫生类事故

公共卫生类事故是发生在学校最为常见的安全事故之一，本部分内容适用于小学高年级学生。由于小学生防范意识差，导致传染病是小学生常见的公共安全事故；由于小学生具有较强的模仿能力，吸烟酗酒等行为也是经常发生的公共安全事故之一；由于小学高年级的同学正处于青春的发展时期，对于自己身体发生的变化也较为不适应。本部分的学习对于他们了解此类公共卫生类安全事故有一定的帮助，从而更好地促进其健康发展。

第三部分　预防和应对意外伤害类事故

意外事故的发生给无数家庭带来灾难，已经引起了社会各界、学校、家长的高度重视。意外伤害对儿童身心发育造成巨大的伤害，给社会和家人带来巨大的损失。它会造成心理障碍，如压抑、怨恨、责备、紧张、犯罪感等。这些伤害都会影响儿童的健康成长。小学高年级的学生，在经历小学低年级的懵懂之后，需要了解的意外伤害事故知识越来越多。小学高年级的学生在理解方面已经具备一定的能力，以下三课围绕运动伤害、踩踏事件、业余活动三方面对学生意外伤害事故进行一一讲解。

第四部分　预防和应对网络信息类安全事故

本部分内容精选针对小学生安全事故频发的网络信息类安全教育，基于小学生独特的生理、心理发展特点与其所处的现实境况，分三课进行此部分的阐述编写：网络游戏莫沉迷、网络暴力要远离、网络信息勿泄密。每节课都是在基于小学生视角下深度剖析产生此类现象或事故的根本原因，并以此提出有效的预防策略，借以提高小学生的网络信息类安全意识与能力。

第五部分　预防和应对自然灾害类事故

针对高年级小学生的认知结构与心理特点，本部分从自然灾害类事故的预防与应对策略入手，系统分析了地震、台风和沙尘暴三类较为常见的自然灾害，其主要内容包括地震发生及时离、台风未来预案立以及沙尘暴来莫惊慌三大板块，并对此进行了详尽的叙述。对该板块的学习能够有效地帮助小学高年级学生做好对此类自然灾害的应对措施，使小学生学会临危不惧，恰当处理，减少自然灾害对自身及他人的伤害。可以说，对本部分的学习不仅是此类自然灾害来前的“预防针”，也是此类自然灾害来时的“保护伞”。

第六部分 预防和应对影响学生安全的其他事件

本部分内容包括三课，分别是同学和睦保安全、危险到来找救援和成长烦恼要抛弃。本部分所涉及的内容都是预防和应对影响学生安全的其他事件中的重要组成部分，我们一定要做到师生共同学习，教学相长，积极思考，创新思维，才能够让学生学会相关的知识和内容，促进广大的小学生全面健康发展。

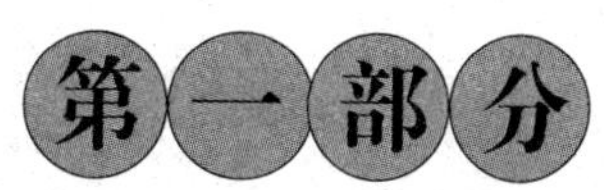

第一部分

预防和应对社会安全类事故

内容提要

小学生是祖国的未来，通过加强社会安全教育，培养小学生的安全意识、知识和技能，提高他们面临突发安全事件自救自护的应变能力，对于提高我国国民整体的安全意识和自救、救护能力必将产生深远的积极影响。本部分分为三课，分别讲述在异常交往中、在突遇恐怖袭击时和遭遇性侵犯时应该如何应对以及相关的知识，其最终目的是使小学生学会保护自己。

第一课　异常交往莫等闲

一、教学内容

（一）绑架和抢劫

绑架是指以勒索财物为目的，使用暴力、胁迫或麻醉等方法，劫持要挟人质或他人的犯罪行为。遇到绑架时的应急要点如下。

1. 保持镇静和清醒

不要惊慌，观察环境，判断事态性质、轻重，见机行事。在事态不明的初期阶段不要顶撞犯罪分子，防止事态激化。

2. 尽可能了解自己所处的位置

如被蒙住双眼，可通过计数的方式，估算汽车行驶的时间和路途的远近，记住转弯的次数、大致方向等。

3. 要保护好自己

减少精神上、体力上的消耗，做好长时间周旋的准备，并坚定自己能被营救的信心。

4. 观察形势，设法传递信息或留下标记，让情况传递出去

在确保自身不会受到更大伤害的情况下，尽可能与犯罪嫌疑人巧妙周旋，如利用犯罪嫌疑人准许人质与亲属通话的时机，巧妙地将自己所处的位置、现状、犯罪嫌疑人特征等情况告诉亲属；采取自救措施时，要选择好时机，在确保自身安全的情况下逃脱。

5. 找借口离开现场

如上厕所、喝水、避寒取暖等。若能成功逃脱，应及时报警，把所知情况告知警方，以利于组织营救。

6. 案发后亲朋好友应立即报案

人质的亲朋好友应立即向公安机关报案，并提供人质的年龄、体貌特征、生活习惯、活动规律、随身携带物品、手机号码、车辆及近期的照片等；案件发生前后是否有可疑人、可疑电话或可疑车辆等情况；犯罪嫌疑人以什么方式与受害者家属联系，使用的电话号码，要求家属做什么事等。

7. 人质的亲朋好友应按照警方的提示与犯罪嫌疑人保持联系

人质的亲朋好友应根据警方制订的解救方案，协助警方开展解救行动，不要自作主张。

8. 被绑架人质的亲朋好友报案时，应采取隐蔽方式

人质本人和亲朋好友在与犯罪嫌疑人接触或通话时，要机智周旋，不要激怒对方。

抢劫是指用暴力手段夺取他人财物的违法犯罪行为。遇到抢劫时的应急要点有以下几方面：

（1）在人员聚集地区遭到抢劫，应大声呼救，震慑犯罪分子，同时尽快报警。

（2）在僻静地方或无力抵抗的情况下遭到抢劫，应放弃财物，确保人身安全，待处于安全状态时，尽快报警。

（3）尽量记下歹徒的人数、体貌特征、所持凶器、逃跑车辆的车牌号及逃跑方向等情况，并尽量留住现场证人。

（二）小学生遇到抢劫、绑架时的处理办法

小学生遇到抢劫、绑架时可采用以下办法进行处理。

1. 反抗法

当对方力量与你相当或不及你时，可猛力用手脚反击，制伏对方；当对方有明显的薄弱处时，你可出其不意进行攻击，控制对方；当你发现地上有反击物（如石块、木棒等）时，可佯装蹲下系鞋带，乘机捡起反击物来震慑对方。

2. 周旋法

遇事时要尽快镇静下来，佯装服从，以拖延时间，寻机脱身逃走，

之后迅速报警。

3. 呼喊法

突然大声呼救，引来旁人关注，令对方惊恐不安，趁机脱身。

4. 耍赖法

倒在地上耍赖打滚，叫喊哭号，引来旁人围观；歹徒大惊失措时，可趁机呼救报警。

5. 感召法

如果已经无法逃走，应采取的办法是：通过讲道理，晓以利害，说服对方；或义正词严地怒目斥责对方，使其崩溃，自动放弃违法行为。

6. “认亲”法

当不远处有大人时可佯装惊喜万分，跑过去直呼叔叔或大哥，把歹徒吓跑。

7. “调包”法

佯装乖巧，或突然装肚子疼；昏倒，或突然提出上厕所，或找别人借钱，趁机呼救报警。

8. “放线”法

佯装害怕，暂时答应对方条件，约定时间地点交付钱物，待对方离开后，马上报警。

9. 抛物法

将书包或身上的值钱物品抛向远处，并佯装生气、害怕状，当歹徒忙于捡钱、抢物时，快速脱身报警。

10. 吓唬法

佯装若无其事，理直气壮地指出一个亲友的名字吓唬对方。

我们一定要记住，反击歹徒时一定要先对双方实力进行冷静比较，保护自己的生命安全最重要；必要时可以舍弃财物，千万不能逞能而与歹徒硬拼。

二、教学设计

【例1】

怎样保护自己

（一）教学目标

(1) 提高预防各种侵害的警惕性，消除对危险的麻痹和侥幸心理，使自己在遇到异常情况时能够沉着、镇静、机智地保护好自己。

(2) 通过真实案例导入主题；为方便小学生记忆教唱安全歌。

(3) 树立自我保护意识，掌握一定的安全防范方法。

（二）教学内容

让学生们熟悉和掌握必要的自我保护的方法。

（三）教学课时

1课时

（四）教学过程

1. 故事导入

同学们，现在社会上比较复杂，坏人坏事也屡见不鲜。作为一位小公民，我们有责任、有义务去伸张正义，做一个勇敢的人。那么，我们遇到坏人，该怎么办呢？先听一个故事：

4月15日晚近7点，天色还没有黑下来，温州市市民林女士正在回家的路上。她身后一个男子突然蹿上来，企图抢林女士手里的包。林女士当时被吓得不知所措，第一反应是死死地拽住包，她大声喊："快来人啊，抢劫了。"这时旁边的一名小学生听到了呼喊声，她想上前制止，因为知道自己无法与歹徒抗衡，所以她立即跑到电话亭打电话报警求救。

2. 明理导行

听了这个故事后，你有什么想法？

3. 天天提醒

抢劫易发生的地点及危害人群。人少的地方是歹徒抢劫的重要地点，如过街天桥、地下通道、室内等。妇女、老人和小孩往往是抢劫者的主要目标，因为这三种人力量一般比较薄弱。因此，我们要做到：

上学、放学时，尽量选择人多的路线，不要走人迹较少的道路、胡同，或废弃的厂房、工地。

按时上学，放学后尽早回家，不要在外面玩到天黑。平时身上不要携带较多的钱物。不要讲究高消费，否则很容易被不法分子盯上。

4. 小学生自我保护歌

路遇坏人莫逞强，保护自己最重要。
如被盯上不要慌，要往人多地方跑。
财物被抢别硬拼，记下坏人把案报。
如果坏人下毒手，随机应变想高招。

5. 在家里，若遇到盗窃分子，我们应该怎么办

装糊涂、快跑、报信、不看、不喊叫、不要主动开灯。

6. 报警知识

报警，是发生侵害时被侵害人的首要反应，报警最快速的方式是打报警电话“110”。报警电话“110”是公安机关为应对处置可能发生的紧急案情，为给群众提供安全保护服务，能迅速准确接受群众报案，掌握警情而设置的。当自己受到不法分子侵害或发现别人受到不法侵害时，应做到：

(1) 发现犯罪分子对他人实施侵害时，应悄悄地到有电话处，打“110”电话报警。打“110”报警电话，应如实讲明案情和案发时间、地点。切忌谎报案情和随意拨打报警电话；否则，要负法律责任。

(2) 当自己被犯罪分子纠缠，不能脱身或已被绑架、拐骗时，应不时给路遇的群众打手势或直接告知自己被侵害，请他人打“110”电话报警。

(3) 自己在屋内被绑架或被劫持不能脱身时，可先顺从歹徒，待抓住机会，如屋外有说话声、车铃声，隔壁房间里有人走动或有外人敲自己家门等，就可借助室内物体巧妙报警：如推倒柜橱、打碎花瓶、将物体砸向玻璃窗等。巨大的声音必然会引起行人和邻居的注意，从而达到报警的目的。

当遭到不法侵害后，应立即向公安机关报案，报案时应注意：

（1）向公安机关详细讲明案发的时间、地点，遭受不法侵害的程度。

（2）尽可能描绘出歹徒的相貌、体态、口音、动作习惯、衣着等，以及歹徒是否留下作案工具等。

（3）讲明发案时有无知情人、见证人，以便为公安机关侦破案件提供依据。

（4）如果是入室盗窃案件，切记要保护现场，不要乱翻室内物品，以免毁坏犯罪分子留下的有价值的罪证。

（5）报案时一定要严肃认真，一是一、二是二，不可隐瞒情况，也不可虚报情况。①

【简要评析】

上面是教师在课堂对学生的人身安全进行有效教育教学的过程，以故事导入主题，引导学生自己想出遇到犯罪行为时该如何去做才能既有效地防止犯罪发生又能保证自己的人身安全，能够吸引学生积极参与课堂讨论。在轻松的教育教学过程中让学生们熟悉和掌握了必要的自我保护的方法。此外，小学生自我保护歌对于学生来说易学易记，起到了安全教育的目的。同时，还介绍了报警常识，进一步拓展了学生们的眼界，是一个典型的安全法规的教学设计。

【例2】

遇到坏人怎么办

（一）教学目标

（1）了解遇到坏人自我保护的几种办法和所应采取的措施。

（2）通过创设情境，让同学们亲身感悟，引导学生发散思维，使学生对教学内容有更深层次的认识和理解。

（3）增强学生的自我保护能力和意识。

①五年级安全教育教学计划[DB/OL].http://wenku.baidu.com/link？url=uwNHYi1-9VXI5F-FlmM8TFeEXQzoJicwGLmvek1fUoZdp0qvkqBFxZMHk5lKRMbwAmuwZDnsr67PKX1yYJqiq-c2zclqrjHEGDm386H0yiC.

（二）教学内容

教会学生在遇到危险时如何保护自己。

（三）教学课时

1 课时

（四）教学过程

1. 情境导入

请学生与教师一起扮演角色（坏人，彤彤，阿姨）。

故事：一天晚上，天色还没有黑下来，一位阿姨正在回家的路上。她身后面慢慢地跟上来一辆摩托车，一个男子突然蹿上来，企图抢阿姨手里的包。阿姨当时被吓得不知所措，第一反应是死死地拽住包，因为包里有 4 000 多元现金。但她却不敢呼救，怕歹徒变本加厉。同时，她也不敢确定呼救后周围的人是否愿意帮她。想不到的是，走在后面的一位小朋友彤彤，毫不迟疑地跳了出来，双眼盯着歹徒大声喊："你是坏人""不许抢阿姨的包""再不放手我就打你了！"彤彤底气十足，毫不畏惧，边喊边不停地踢摩托车的轮胎。

2. 合作交流，大胆探究

（1）请四人小组之间进行讨论：接下来会发生怎样的结果?

（2）交流：结果可能有两种：

①彤彤的这一举动让歹徒感到十分吃惊。现在一般孩子都吓得蹲在地上哭，这样的孩子还没见过。这个坏蛋被镇住了。听到彤彤的叫声，附近的三轮车夫、路边开店的人、行人、附近小区的保安都跑了过来。大家合力抓住了抢包的那个歹徒。

②彤彤的叫喊不仅没有吓住歹徒，反而激怒了他，歹徒拔出利器刺向彤彤，彤彤受伤了，歹徒得手后逃跑了。

（3）教师相机引导全班讨论：产生这两种情况的原因分别是什么?

（根据学生回答，教师导出可能出现正反的两种情况，并启发学生分组进行交流其原因是什么，并相机板书。这一环节的设计通过交流、探究，培养学生的合作意识与分析能力，以及让他们懂得"保护自己的安全最重要"的道理，不能与罪犯硬拼）。

3. 情境换位，巧妙脱险

（1）再现刚才的情景，引导学生自述：如果你是故事中的彤彤，你会想出什么样的计策，既能抓住坏人，又能保护自己呢?

板书：

①大声叫喊，跑到人多的地方去。

②打“110”报警电话。

③快步跑到警察那里。

④假装被打昏，然后再报警。

（2）学生模拟案例，在合作互动中共同分享面对坏人的经验。

（让学生在不同的情境体验中学会面对陌生人时灵活应对的办法，丰富安全常识，学会自我保护）

4. 明白道理，导之以行

（1）小结：从中我们得到非常深刻的启示：帮助别人就是帮助自己，帮助别人捉住坏人，别人安全了，坏人就不会再伤害到自己。如果每个人都把别人的难看作自己的难，坏人就没有那么猖狂了。我们要歌颂那些为正义不畏流血牺牲，在坏人行凶时挺身而出的勇士们。但是，我们也要明白，遇到坏人不能只凭正义感和勇气，还要凭智慧，开动脑筋，随机应变，使那些犯罪分子受到应有的惩罚。

（2）行动在线。

①发现被歹徒盯上，首先不能惊慌，要保持镇静，头脑清晰，并迅速思考对策。

②如果只是被歹徒盯上，应朝附近灯光明亮的大街、营业的商场等地方跑，那里会有较多的人来往；或者跑到附近的居民家，敲门求救。

③如果被歹徒纠缠上，这时应高声喝令其走开，并可用随身携带的物品，如挥动书包、雨伞、吹哨子或用附近的木棍、砖头等加以反抗，以阻止歹徒侵害。

④遇到拦路抢劫的歹徒，一般先不要跑，因为歹徒的目的是钱财。如果碰上就跑可能会遭到歹徒的伤害，可将随身携带的少量钱财，物品交给歹徒，应对周旋，并注意记下歹徒的相貌、衣着、身高、口音及逃离方向，及时报告附近的巡逻警察或到就近的公安机关报案。

⑤除非迫不得已，不要轻易与歹徒发生正面冲突，以免引来杀机。如果要进行反抗，心里要有十足的把握，而且不露声色。趁歹徒疏忽时攻其不备，出手要快，要有力。

⑥假如遇到的是杀人狂，而自己又无法逃走，就一定要奋力反抗。但千万不要忘记，能有机会逃走还是逃走，或伺机制伏歹徒。

⑦在与歹徒搏斗时，一定要高声喊叫，一方面可缓解自己的恐惧心理；另一方面可令歹徒感到会有人听见相助或报警，而分心或害怕。同时，要不断地变换招式，如打几下，跑几步，出击时要对准歹徒的要害部位，以便制伏歹徒或趁机脱身。①

【简要评析】

教师通过情景剧的形式引出本节课的教育重点很富有新意。通过创设情境，让同学们亲身感悟，引导学生发散思维，突出体现了以学生发展为本的教育理念，并能够使学生对教学内容有更深层次的认识和理解。从情景故事出发，让学生进行讨论，然后教师进行总结，从点到面，逐渐深入教学，易于学生接受。在线行动部分介绍了当学生遇到坏人时应当如何应对，有很强的实际意义。同时，教学目的明确，课堂结构清晰，能够保证课堂效率的提高。

三、教学素材

相关案例

去年10月9日，4岁男孩俊仔在被绑架两日后，回到父母的怀抱。俊仔在被绑架期间曾与父母多次通话，但只晓得叫“爸爸妈妈”，儿子的呼喊声不停地回响在父母耳边，其父母东拼西凑了3万元，终将儿子赎出。

俊仔的爸爸邹先生是江西人，他说，4个多月前，邹先生一家人来到增城新塘开了一家士多，地点在新塘东洲港码头附近。邹先生原来是打工

①李尚荣，路遇坏人沉着应对[DB/OL].http://wenku.baidu.com/link？url=V3pVt5HfzVZueEm3h36hCDI6KLzVk1QZoEyIafoCNVnLNdXDf0xHppT_0ZfAIBPtqOaR0fxxWJ48e86Ef9GCUS0Bjbg8kwUvo-VP6meqeK.

一族，没有多少钱，但他怎么也想不到，竟然有绑匪看上他的儿子俊仔。10 月 7 日晚上 7 时多，在士多门口玩耍的俊仔转眼不见了。邹先生以为俊仔失踪了，四处寻找。当晚 8 时多，焦虑不堪的俊仔母亲何女士突然接到一个陌生来电："你是俊仔的母亲吧？是的话，就明天早上准备好 7 万元，否则对你的儿子很不利。"

去年 11 月 6 日傍晚，一名中年人来到六榕街派出所大声说："我的孩子不见了！"

从当晚 6 时 55 分到 7 时 05 分，短短 10 分钟内，3 岁的豪仔经历了从被拐到回归亲人怀抱的惊险历程。豪仔的爸爸黎其章说，自己是罗定人，今年 43 岁，豪仔才 3 岁，一家人租住在六榕路仓前街。傍晚时分，他在家里，豪仔和几个小孩在街上玩耍，视线不超过 20 米。傍晚 6 时 55 分左右，他再望过去，却发现小孩不见了！黎其章马上向邻居打听，邻居也没发现，他马上骑车到派出所报案。

派出所吴副所长介绍，接到黎其章报案后，派出所内除留一人值班外，其他人均快速出警寻找，同时启动"地网"，5 分钟后，304 岗位传来消息，发现一个小孩。黎其章赶到一看，泪水纵横："就是豪仔！"

豪仔说，一个阿姨给了他一块饼干，要豪仔跟她走。豪仔啃着饼干，就跟着"阿姨"走了。民警随后询问附近目击者，证实一名妇女与豪仔同行，看到周围联防队员搜寻小孩后"脚步很急"往百灵路方向走了。

民警连呼"千钧一发，幸亏赶得及"。以现场情况看，如果警方晚 3 分钟，豪仔就不知道会被拐到哪儿去。

有媒体报道称，其中的一宗撕票案发生于 ×× 小学。该校学生 ××，上月上学途中遭绑架。事后家人报警，警方不久破案，拘捕一名男子，但 ×× 已惨遭杀害。另一宗案件这样描述：某外国语学校的一名六年级学生，在 10 月 20 日上学途中，遭数名男子挟持绑走。事发后，其父母收到绑匪来电勒索 50 万美元，父母付款后，儿子仍遭撕票。

而在 ×× 小学，多名学生和家长表示，本月 3 日，校门外一名 20 多岁女子，以毛公仔和玩具跑车引诱两名四五年级的男女学生，要他们随她上车，所幸学生机警并未上当，并迅速向校方报告事件。

另据报道，今年下半年来，×× 市至少发生了 3 起小学生校园被绑架案，更有小学生遇害。据警方介绍，自 10 月份以来，×× 市发生的 3 起绑架学生案件均已告破，已抓获嫌疑人 6 名。其中一起发生在 10 月 20 日，×× 区一名六年级学生易某某于下午放学后失踪，其父接到勒索赎金的电话。警方于 11 月 12 日将犯罪嫌疑人邹某抓获。

11 月 3 日，×× 区 13 岁的初一学生女生某某晚自习放学后失踪，家长接到勒索电话，警方迅速成立专案组开展侦查，于 11 月 6 日在 ×× 地同时开展抓捕行动，抓获 3 名犯罪嫌疑人，并成功解救被绑架的女生某某。

11 月 7 日，×× 区陈先生接到勒索电话，称其侄子被绑架。警方迅速组织精干警力展开调查，于案发次日在 ×× 区某村抓获犯罪嫌疑人孔某、黄某。二人交代，他们与事主陈先生十分熟识，绑架其侄子后认为事后必然败露，故将其侄子杀害。

上述案件发生后，×× 警方在学校周边增加了警力。此外，警方还根据学生反映的情况，打掉了 4 个预谋抢劫学生的犯罪团伙，抓获了 15 名犯罪嫌疑人。

警方和教育部门再次提示，学生放学后要按时回家，即便是熟人也不要单独与其外出，如发现可疑人员和情况，应及时向家长、老师报告，并向“110”举报。①

四、知识链接

防范绑架或劫持的四不原则

不和陌生人交谈，不把财富来显摆。不在半夜进酒店，不能离开小伙伴。

这是一些远期预防的措施，什么叫远期预防呢？就是当犯罪还没侵害到自身的时候，我们要教孩子们知道，不要和陌生人说话，不要显弱，不

①警示:绑架案时有发生 孩子不要随便接触陌生人[DB/OL].广州日报，http://www.gd.xinhuanet.com/sungov/2008-02/29/content_12574037.htm.

要露富，比如说背个书包500多块钱，穿双耐克鞋很名贵，这样的事情要尽量避免。不要半夜进酒店，晚上不能让孩子出入娱乐场所。不能离开小伙伴，要和大家待在一起，不要让人调虎离山，各个击破。

第二课　合理应对恐怖袭击

一、教学内容

“校园暴力”是指在校园及其周边区域所发生的师生之间、学生之间以及校外人员对学校师生所实施的暴力行为。校园极端暴力袭击事件是指犯罪嫌疑人运用极端暴力手段对无辜学生、儿童进行暴力侵害的公共危机事件。此类公共危机事件主要针对中小学学生，作案地点一般限于中小学校园或中小学校园周边附近区域，手段简单，危害严重，影响恶劣，防范困难，并具有一定的社会恐怖效应。

无论在发达国家还是发展中国家，无论在城市还是农村，中小学校园极端暴力袭击事件的发生频率和严重程度都正在呈上升的趋势。无论是俄罗斯的“别斯兰人质事件”还是美国的“弗吉尼亚理工枪击案”，都成为人们心中挥之不去的阴霾。在我国，即使是在当今看似和谐的中国社会，近些年来也接连发生了一些令人发指的中小学校园极端暴力袭击事件，特别是校外人员施暴中小学校园的事件。从近年国内外发生的中小学校园极端暴力袭击事件中可以看出，“外侵式”恶性案件达到了95%以上，这些案件又可分为预有准备和临时起意两种。犯罪分子预有准备的极端暴力行为往往是为报复社会或他人，求得心理平衡或引起社会舆论的普遍关注，他们在作案前对侵害对象、校园情况、行动方法和施暴时机等均进行较长时间的预谋和准备；而临时起意的极端暴力袭击事件则多是犯罪分子在犯罪过程中被发现，闯入学校疯狂地杀伤学生和教师，或将校园里的师生作为人质劫持与警方对抗等。

（一）学校发生恐怖劫持事件应急避险指南

（1）现场师生要保持镇静，不要乱跑乱叫。

（2）尽量顺从劫持者，满足劫持者提出的要求。

（3）不要随便触碰现场周边物品，以免触动爆炸装置或毒气设置。

（4）学生无论有什么事，都要向老师报告，不要直接与劫持者交涉。

（5）根据现场情况，老师要设法与劫持者交涉，争取逐步释放学生，优先释放幼小、体弱、生病、受伤的学生，并设法让被释放的学生把里面有关情况信息传递出去(尽可能讲明劫持者的人数、大体位置、武器装备、爆炸装置的位置等)。

（6）学生家长不要擅自采取营救行动。

（7）警察发起攻击时，人质尽可能地卧倒贴地，用双手抱住头部，随后迅速按警察的指令撤离。

（二）学校发生爆炸恐怖袭击事件应急避险指南

（1）学校和老师告诫学生不要惊慌、乱跑，原地趴在地上。

（2）用随身携带的手帕、纸巾或衣角捂住口鼻防止烟气中毒。

（3）服从统一指挥，有秩序地从安全通道迅速撤离到安全地域。

（4）不要乘坐电梯下楼。

（5）多层楼梯的转角处要有老师引导和维护秩序，防止前后踩踏事件的发生。

（6）学校或老师迅速报警，并协助警方调查。

（7）组织自救互救，等待救援队伍。

（三）学校发生生化恐怖袭击事件应急避险指南

（1）发现可疑的生物、化学恐怖袭击迹象，学校要立即报告警方或应急管理部门。

（2）迅速用湿毛巾、手帕或衣角捂住口鼻(或佩戴防毒面具和各类防护口罩)，扎好领口、袖口、裤脚口，尽量减少皮肤外露，以防人体表面污染或被蚊虫叮咬。

（3）统一指挥，有秩序地将师生转移到附近的人防工事内，或转移到上风方向的高地。

（4）来不及撤离的师生，可躲在封闭性较好的学校建筑物内，关严门窗，堵住缝隙，关闭空调机、通风机，等待救援人员。

（5）撤离到安全区的师生，要脱去污染衣物，清洗或擦拭裸露的皮肤。

（6）如发现师生染毒，应及时用清水、肥皂水冲洗染毒部位，并急送医院，对症处理。

（7）如发现师生染病，要尽快隔离和送医院治疗，防止传染给其他学生。

（四）学校发生核辐射恐怖袭击事件应急避险指南

（1）组织师生迅速远离放射源和污染区。不能迎着风跑，也不能顺着风跑，应尽量往风向的侧面躲。

（2）迅速用湿毛巾、手帕或衣角捂住口鼻（或佩戴防毒面具和各类防护口罩）。扎好裤脚口、袖口、领口，或用雨衣、塑料布等把暴露的皮肤遮盖住。

（3）尽量就近进入建筑物隐蔽，关闭门窗、堵住孔口，关闭通风设备，等待救援人员。

（4）接到服用稳定性碘片的命令时，遵照说明，按量服药。

（5）保持心态平稳，不要惶恐不安。

（6）当听到撤离命令时，收拾好随身携带的物品有秩序地撤离。①

二、教学设计

【例】

恐怖来袭有对策

（一）教学目标

(1) 结合事件学习应对暴力恐怖事件的自护、求生方法，提升“遇事冷静，沉着应对”的心理素质。通过情景模拟中的实践演练，掌握逃离、躲避、报告，特别是面对暴徒尖刀时最大限度地求生自救的方法。

(2) 教师搜集相关视频文字、图片、音乐等资源，学习预演反恐防暴

①http://www.cqczx.com/czxnews/news_view.asp？newsid=2532.

知识，制作教学课件。

提示：教师并非反恐防暴的专业人士，教师了解学生，长于教学。只要先于学生进行大量的学习和实践，就能够梳理出简洁易学、可操作性强的演练方法。

(3) 引导学生树立“反恐防暴”意识，强化“生命优先，自护第一”的生命意识。

（二）教学内容

观看一则恐怖袭击事件的相关新闻报道视频，讨论新闻并进行角色扮演。

（三）教学课时

1 课时

（四）教学过程

提示：教学过程可以从三个层面来思考。其一，情境引入，强化认知。通过案例、视频、活动等方式创设情境，激发学生强烈的情绪情感，在此基础上多角度呈现观点，进行认知澄清，以避免学生受社会不良言论影响，减少他们的认识误区。其二，了解知识、学习方法。在开放接纳的团体气氛中进行相关知识的讲解和具体方法的学习。这一环节重在知识和方法的科学、准确和有效。其三，实践操作，掌握技能。有效的学习应带来行为的改变。自护自救的知识与方法更需要在及时的行为强化、实践演练中逐步掌握。

1. 澄清事件

教师活动：出示标题《恐怖来袭有对策》并询问学生是否知道最近发生的一起恐怖袭击事件。

学生活动：学生交流该事件，并分享信息来源途径。

教师活动：回放该恐怖袭击事件的相关新闻报道视频，并提问：“恐怖暴力事件的性质和危害是什么？对待恐怖行为我们应该采取怎样的态度？”

学生活动：学生观看。注意不要渲染现场的血腥，只强调对生命的伤害与逝去的惋惜，体验恐怖事件的突发性和带来的莫大伤害，交流各自观点，分享知识。

2. 学习方法

教师活动：提问“得知暴力恐怖事件的消息，你最强烈的感受是什么？”

学生活动：学生分享自己的情绪感受，并交流是什么信息导致的。

教师活动：①假想你在当时的现场会怎样做？与学生角色扮演，教师扮演恐怖分子，用“刀”刺伤砍死躲避不及的同学。②解说：目前，常见的暴力恐怖活动常常以刀斧等冷兵器为主。恐怖袭击往往发生在人潮拥挤的车站、购物中心、街道等公共场所。③自护自救小绝招：逃离——保持镇静，辨明方向，轻装快闪，勿逆人流。躲避——巧妙躲避，寻找掩体，护住要害，适时装死。反击——搜集武器，抱团抵抗，传播信息，等待救援。

学生活动：①学生用角色扮演的方式，模拟身处现场，其他同学观察他的行为动作，进行方法讨论。②学生读一读关于PPT上关于恐怖袭击的文字。③学生解说小绝招，并进行针对性的实际操作。如搜集身边一切可用之物作为武器，准确传播信息，演练报警的语言等。

3. 拓展延伸

搜索、记住校园内及周边可供避险的地方。拓展学习和实践的空间，调动家庭、同伴等资源，强化自护自救等技能训练。

【简要评析】

以上教案运用多媒体教学方式，生动直观地呈现出校园恐怖袭击的面貌。给学生以心灵的震撼，并产生对生命的敬重。此教案的最大优点在于其注重对暴力事件的澄清，正确引导学生的价值观，以避免学生进入知识误区，这是很多教案所不曾体现的。我们在注重安全教育的同时也要关注学生心灵的健康成长，培养学生良好的品德，构建完整正确的人生观、价值观。

三、教学素材

相关案例

2010年3月23日7:20在中国福建省南平市发生的一宗杀人及伤人案，共造成八死五伤，受害者皆为小学生。其中一名仍在重症监护之中。凶手作案动机为工作矛盾与感情失败，凶案发生时正值学生上学时间。事发学校规定该校在早上7:30后方开放校门，因此当日早上7:20左右校门外已聚集了数十名小学生等待进入学校。此时1名中年男子冲出人群并开始持刀袭击校门外的小学生。多名学生被刺中颈部、胸部以及腰部等要害部位。之后1名环卫工人及1名教师试图保护学生并与该男子对峙。最后该男子被该校教师、门卫以及附近路人合力制伏，事件中三名小学生当场被杀，5名小学生送院后证实死亡。另有5名小学生被砍成重伤。凶手郑某生（1968年4月30日—2010年4月28日），南平人，曾是一名社区诊所医生。2009年，郑某生从曾任职的诊所辞职，之后一直处于失业状态。邻里称其性格内向并偏激。新华社曾称其为“疑似精神病患者”，然而在本案审理过程期间没有记录显示郑某生被进行过精神鉴定。2010年4月8日，南平市中级人民法院以“故意杀人罪”判处被告人郑某生死刑及剥夺政治权利终身。郑某生在法庭上反复说，他被一名女子拒绝并受到该女子家人不公平的对待，使他觉得自己一文不值。2010年4月28日，郑某生被执行枪决。①

2010年4月12日16时30分左右，广西合浦县西场镇西镇小学门前约400米处发生一起凶杀事件，共造成2人死亡5人受伤，其中包括多名小学生。2名死者中一名为8岁小学生，另一名为老年女性。5名伤者包括：2名小学生、1名未入学小孩和一对中年夫妇。行凶者是一名年龄40岁左右的男性，已被警方抓获。②

2010年4月28日15时左右，广东湛江雷州市某城第一小学发生凶杀案。1名男子冲进校园，持刀砍伤15名学生和1名老师。行凶者叫陈康炳，男，33岁，系雷州市纪家镇人，在雷州市白沙镇安富小学当教师，2006年2月办理病休至今。据了解，该男子事先将刀藏在衣服内，进入学校时并未引起注意。③

---

① http://zh.wikipedia.org/wiki/福建南平校园惨案.

② http://news.sohu.com/s2010/guangxixiongshaan/.

③http://baike.baidu.com/link?url=kZy81AtktsdMbwqo8fiVESLx8oGm-758EVKYKeCvQdnseG8u-f1SWsYmCuSJFWy_W4mWNnrEoHZU9k0C2r2-K.

2012 年 10 月 21 日 4 时许，茂名市茂港区羊角镇柏屋小学发生一起校园血案。该小学放学时，一名中年男子持刀躲在离校门口右侧约 150 米远的一棵果树上，待学生放学经过时跳下突袭。该血案共造成 7 人头部、臂部受伤，含 6 名小学生及 1 名龚姓家长。经查嫌疑人廖某旺（男，32 岁，柏屋村人），有既往精神病史。①

37 岁的闵某军，住在距离陈棚小学 5 千米的邹棚村。2012 年 12 月 14 日早晨 7 时许，闵某军来到陈棚小学大门斜对面的八旬老妪向某的家里要烤火。法院查明，向某称屋内没有柴火，闵某军十分恼怒，拿起向某家中的菜刀朝向某头部连砍两刀，致向某倒地。闵某军以为向某已死亡，遂想既然已杀人，就再到学校将学生杀一片。学校监控显示，7 时 35 分许，闵某军拿着菜刀冲入陈棚小学，见学生就砍。判决显示，闵某军共砍 24 人，其中致向某和 7 名学生共 8 人重伤，11 名学生轻伤。案发后，河南商报记者曾赴光山采访。闵某军的父亲称，闵某军 16 岁时突发癫痫病，此后就放弃学业。在老家，他和父母同住，妻子在武汉打工。邻居们也知道闵某军的癫痫病史，但不少邻居说，闵平时“挺正常”，只是偶尔会抽搐、失眠。闵父说，家人曾带着闵某军去看病，还用过一些土方，但没有效果。闵某军曾在家门外的沟里养过泥鳅、黄鳝，还养过蜈蚣，打算以此致富，“这咋能养得活啊，可他听不进去。”闵某军的养殖致富梦没有实现，脾气越发暴躁。“说话声音大，看见谁就随便骂谁。”闵父说。

从 2012 年 12 月 11 日至 13 日，闵某军发病 4 次。闵父说，其间闵某军大发脾气，动手打女儿，闵母上前制止，闵某军就拿起茶杯朝母亲头上砸。

法院判决显示，闵某军行凶，是受了“‘世界末日论’的影响”。案发后，光山警方称，闵某军被捕后供述，自己认为世界末日就要来临。“地球就要爆炸了，光山也快被夷为平地，别人在家等死，但我不能等死，我得临

① http://news.ycwb.com/2013-05/22/content_4473347.htm.

死搞点事出来，让大家知道我闵某军是条好汉。”闵某军供述。2012 年 12 月 14 日一早，闵父接到学校的电话，“说闵某军出事了，谁知道他是拿刀把学生砍了。”闵父说。法院认定，被告人闵某军持刀朝被害人向某及 23 名小学生的头面部等要害部位连续砍击，其行为已构成故意杀人罪，应依法惩处。法院认为，闵某军虽经鉴定系限制刑事责任能力人，但其共砍杀 24 人，致 8 人重伤、11 人轻伤，造成的后果极其严重。尤其是对多名无辜小学生实施砍杀行为，社会影响极其恶劣，主观恶性极大，依法不足以对其从轻处罚。信阳市中院一审判决，闵某军犯故意杀人罪，被判处死刑，剥夺政治权利终身。①

四、知识链接

国外处置小学校园恐怖袭击事件的成功举措

日本：从幼儿园开始，日本就有辖区派出所警察定期到学校巡查、开讲座，并通报近期治安动态，以加强对罪犯的威慑，增加孩子、家长和老师的安全感。校园门口配有校方的警备员、保安，在学生上学或放学时在校门口、交通路口维护孩子们的安全。此外，日本的一些地方还组建了“妈妈特工队”，取代学校警卫队来保护孩子的安全。

美国：早在 20 世纪 60 年代，美国各州就建立了校园警察。而校园警察会行使与真正的警察同样的权力——可以携带枪支和拘捕犯人。一些中小型学校则会与一些提供安全管理工作的公司签订契约，聘用经过专业训练的人员（保安人员）来保护他们的师生员工。这些“私家”警卫人员也被允许携带警棒或者泰瑟枪（电棒）等。此外，学校还尽力构建强大的社区安全网络，并且特别重视中小学校和幼儿园的安全保卫。如果走近这些学校，就可以看到有些校门口安装了类似于机场的金属探测器，如果学生携带了武器进入校园，就会被搜索出来。有时候，警察也会突击搜查校园。

---

①http://newpaper.dahe.cn/hnsb/html/2013-12/14/content_1001772.htm？div=-1.

加拿大：在加拿大，任何一所学校都有《危险防范计划》和《防暴逃逸计划》，孩子们会受到全民的保护。在加拿大，校车比警车“厉害”，除非是在执行特别紧急的公务时，警车一律要为校车让道。在上学和放学的高峰期，所有的交通运输车辆在遇到孩子上下校车时，一律要在 10 米外等待，直到校车关闭车门驶离。

阿根廷：布宜诺斯艾利斯市和附近地区建立了一个由警察、交通安全人员以及商贩组成的“校园安全通道”。在这个“校园安全通道”中，每到上学和放学时间都会有警察以及交通安全人员在校门口及附近地区值勤。在学校附近经营的商贩也被邀请加入校园安全体系，担当起流动岗哨的职责，协助警方密切关注校园门口的可疑人群。

俄罗斯：为小学生配置类似军用的身份识别牌以及记录有学生身份和基本医疗信息的登记卡。类似军用的金属制身份识别牌可以放在登记卡里，也可以戴在脖子上，即使遭到炸弹袭击，该识别牌上的信息也不会丢失，登记卡主要包括学童的姓名、指纹、照片、家人资料和基本医疗信息等。同时，还有一些指导学生如何应对洪水、火灾、交通事故以及恐怖袭击等知识。

德国：德国政府及教育行政部门要求所有学校都要安装警报装置，一旦发生险情，将发出警报信号。教师都可以在险情发生时通过手机启动特定号码，激活警报系统。

第三课　性侵就是高压线

一、教学内容

近年来，在我国，对儿童的侵害案件呈上升趋势。据调查，3/5 性侵害受害者都是儿童。根据针对 1307 名大学生的调查显示，在我国，22.1% 的女生在 18 岁之前遭受过性侵害，而迫于施虐者的威胁或羞辱，以及家长或女童本身的隐瞒，此数据远比实际数据低得多。要让孩子懂得防范性侵害，首先要让孩子懂得什么样的行为是性侵；其次，孩子才会在遭遇性侵害的时候准确判断。

（一）什么是性侵害

世界卫生组织（WHO）规定："儿童性侵犯"是指儿童卷入不能够完全理解的性活动，或因不具备相关知识而同意的性活动，或因发育程度限制而无法知情同意的性活动，或破坏法律或社会禁忌的性活动。侵犯者因其年龄或身心发育程度相对处于强势地位，他既可以是成人也可以是儿童；既可以是承担照顾责任、被儿童信任的熟人，也可以是以暴力相威胁的陌生人。①

（二）小学生遭遇性侵害的特点

1. 受害者多为女生且大多年龄幼小

性侵害多是对异性实施的。根据部分已经发生的案件和调查，小学生遭遇性侵害时，绝大部分受害者是女生，受害者是男生的现象也存在，但较少，如昆明市晋宁县某小学二年级的十多名八九岁的女孩不同程度地在家长面前喊下身疼，原因是教师段某在课堂上以她们违反纪律为由，抠摸

①性侵害http://baby.sina.com.cn/edu/11/1905/2011-05-19/0920184491.shtml.

她们的下身作为“处罚”手段，后该教师被停职调查。有学生反映，段某经常会因学生犯了错误而扒下男生的裤子打屁股，把手伸进女生的裤子里抠摸她们的下身。当地派出所一名副所长证实受害女生及家长已经到派出所报案。小学生遭遇性侵害时年龄幼小，这些幼小的孩子性防卫能力差，犯罪分子很容易得手，如巫山县检察院近三年办理的10件女童性侵害案件，受害女孩最大的13岁，最小的仅3岁。

2. 施暴者大多为学校教师

教师在小学生心目中有绝对的权威地位，对小学生有绝对的领导和控制能力，很多教师利用自身在体力、智力、自我保护能力等方面的绝对优势来实施性侵害。综观校园性侵害案件，绝大多数发生在校园这个特定的环境中，实施性侵害的主体是教师，尽管也有本校学生和外来社会青年，但以教师最为突出。如四川中江县一中心学校教师叶某从2006年9月到2007年6月短短9个月的时间里，以为学生检查作业、抱作业本到办公室等众多理由，将该班级10多名不满14岁的未成年幼女分别进行多次猥亵、强奸，其已被德阳市中级人民法院一审判处死刑，缓期两年执行。

3. 具有隐蔽性，社会危害大

校园性侵害常常发生在教室或教师的办公室等公共场所；性侵害的实施者绝大多数是受害人认识并相信的教师或同学，他们在实施犯罪行为前没有明显的特征，在实施犯罪行为后很注意维护自己的身份；性侵害的受害者大多是未成年的小学女生，自我防护能力差，胆子小，怕被父母批评，被同学嘲笑，受害后不敢声张，因而此类犯罪隐蔽性很强，不易被发觉，给未成年学生的身心健康带来巨大伤害，有着很大的社会危害性。如江苏泗洪一名53岁的村小学一年级教师，在短短几个月时间里，对17名未成年女生进行侵害。该教师以学生做错作业为由，将学生叫至教室讲台后面，命其脱下裤子，并用鸡毛掸子抽打学生屁股进行体罚，在体罚学生的过程中，陈某多次对这些七八岁的幼女下体实施了猥亵。泗洪法院对这起教师猥亵幼女案进行了公开宣判，一审以猥亵儿童罪酌情从轻作出判处被告人陈某有期徒刑4年6个月。

4. 农村小学生受到性侵害的很大一部分是留守女童

此类案件的侵害人常与受害人认识，甚至是亲戚、师生等特殊关系。

留守女童年龄小，自己缺乏性防卫能力，事发后往往不敢告诉自己的亲人，而照顾留守女童的通常是年龄较大的爷爷、奶奶或外公、外婆，常出现照顾缺位和害怕家丑外扬的情形，以上原因经常造成同一个侵害者多次实施性侵害行为或同一个受害者长时间遭受性侵害的严重后果。

（三）小学生遭遇性侵害的原因及后果

1. 学校管理松懈

发生性侵害事件的中小学校大多存在管理不规范的问题，如学校门口没有门卫，学生随时进出校门而无人过问，有的寄宿制学校男生可以随意进出女生宿舍，有的学生学会了抽烟、喝酒，甚至有的学生夜不归宿。学校管理松懈是造成小学女生遭遇性侵害的重要原因。

2. 少数教师人格缺失

少数教师之所以会将罪恶的魔爪伸向尚未成年的学生，除了这些教师本身的原因如思想堕落、缺乏教师职业道德修养外，与当前教师待遇差、小学教师体系中存在部分没有编制属于临时代课教师的体制有关。长期以来，一直有部分教师从教却厌教，贪图享受，不思进取，思慕灯红酒绿的生活，最终导致人格缺失，将未成年的小学生作为性侵犯的对象，不仅自己走上犯罪道路，还给未成年学生造成了巨大的身心伤害。

3. 小学生缺乏自我保护意识

小学生是一个特别需要关爱和引导的群体，她们是涉世未深的未成年人，对人缺乏戒备心理，大多数小学生“心理不设防”，特别是对自己的老师，更是尊敬、崇拜，对教师中鱼龙混杂者缺乏应有的辨别能力。具体到教师实施性侵犯的案例中，学校在当前升学压力的背景下一味强调升学率，教师大多身兼数职，既是授课教师，又是班主任，使得部分教师有机会利用辅导功课、谈话、家访等理由接近被侵害学生，进而对其实施性侵害，学生自己不设防，学校又缺乏相应的监管和预防措施，使得悲剧最终发生。

4. 性侵害严重影响到小学生的身心健康发展

遭受性侵害的孩子在相当长的时间里，会不同程度地表现出一系列心理症状，如恐惧、焦虑、抑郁、暴食或厌食、不喜欢自己的身体、对身体有异样感、低自尊、行为退缩、攻击性行为、注意力不集中、滥用药物、自杀或企图自杀。由此不难看出，小学生遭遇性侵害，受到摧残的不仅是其幼小的身体，还有其人格和对生活的态度，小学生尤其是女生遭遇性侵害后往往会产生厌学、厌世等心理疾病以致逃学退学，严重影响到小学生的身心健康发展，甚至会影响到其成年以后的生活和人际关系。

5. 性侵害对社会造成消极影响

小学生遭遇性侵害后，使得年幼的孩子悲观、恐惧、逃学，甚至厌世、自我伤害或伤害他人，这些情绪或行为在带给未成年小学生不良影响的同时，也给社会造成了不安全、不稳定的因素，对社会也会造成消极的影响。

二、教学设计

【例1】

预防性侵害

（一）教学目标

(1) 引导学生认识什么是性侵害；了解性侵害的主要形式；知道防范和应对性侵害行为的主要措施和方法。

(2) 引导学生了解性侵害发生的时间和主要场所，培养学生的观察分析能力和应变处置能力。

(3) 使学生能正确地对待生活中的性侵害事件，培养学生珍惜生命、关爱健康的生活态度，树立“生命高于器官”的自我保护意识。

（二）教学内容

通过案例情景重现使学生明白性侵是怎么一回事，并学会解决方法。

（三）教学课时

1课时

（四）教学过程

1. 导入课题

(1) 谈话（叙述小青幸免性侵害而成功自救的故事）

故事：二年级女生小青，放学后没有及时回家，而独自在公园里玩儿。

一位自称是小青爸爸同事的“冯叔”上前搭话，并主动握住小青的手不放，言语中还想亲吻小青。机智的小青问“冯叔”爸爸的姓名和电话，“冯叔”支支吾吾无法说清楚。小青一边顺从“冯叔”，一边往公园人多的地方走，随后大声呼救，最终获救。

请你结合生活经验谈谈故事中的小青有哪些不当的行为，“冯叔”有什么不良的企图，假如小青没有成功逃脱会是怎样的结局，故事给了我们哪些警示。

（2）学生交流。

（3）教师小结：小青在没有通知家人的情况下就独自在外逗留，给犯罪分子以可乘之机；在遭受了性骚扰之后保持沉默，在一定程度上又纵容了犯罪分子；但其最后识别犯罪分子的企图，使自己避免了伤害。这一事件给我们敲响了警钟，今天，我们就一起来探讨防止性侵害的问题。

（板书：如何预防性侵害）

2. 探究学习

活动一：了解性侵害的定义和性侵害的形式。

（1）谈话：以你现在的经验来看，怎样的行为才能称为性侵害？哪些人容易受到性侵害呢？

（2）学生交流汇报。

（3）教师小结：性侵害是指非意愿性的并带有威胁性的各种性攻击行为，如强奸、猥亵等。性侵害的对象不仅仅是女孩，也包括男孩。

（4）谈话：课前老师布置大家收集性侵害的相关案例，下面请同学们在小组内交流你收集到的案例，小组同学讨论分析性侵害都有哪些形式。

（5）学生小组交流研讨。

（6）学生汇报。

（7）教师小结：常见的性侵害主要有以下几种形式：暴力型性侵害、胁迫型性侵害、社交型性侵害、诱惑型性侵害和滋扰型性侵害。

活动二：了解有关性侵害的法律规定。

（1）谈话：我们国家对性侵害行为有严厉的惩罚规定（课件出示知识链接中的内容），请大家仔细阅读一下这段文字，说说你有什么收获。

（2）学生交流。

(3) 谈话：你还收集到了哪些关于性侵害的法律常识?

(4) 学生交流。

(5) 教师小结：作为社会生活的弱者——女性，往往是性侵害的主要受害者，特别是不满14周岁的幼女，国家以法律的形式给予了明确的保护，同性性侵害的危害也很巨大。[①]

【简要评析】

该教学设计让学生们熟悉和掌握了必要的保护自己的方式，这是一个成功的预防性侵害教学设计。由案例导入课程，从学生交流讨论案例中入手，引导学生认识什么是性侵害，了解性侵害的主要形式，知道防范和应对性侵害行为的主要措施和方法。通过做活动的轻松方式，使学生逐步了解性侵害是怎么一回事、性侵害可能发生的场所以及性侵害的发生方式，使学生能正确地对待生活中的性侵害事件，一旦发生性侵害该如何保护自己。培养学生珍惜生命、关爱健康的生活态度，树立“生命高于器官”的自我保护意识。

【例2】

你不能碰我

（一）教学目标

(1) 引导学生认识什么是性侵害。

(2) 引导学生了解性侵害发生的时间和主要场所，培养学生的观察分析能力和应变处置能力。

(3) 使学生正确地对待生活中的性侵害事件。

（二）教学内容

让学生了解性侵害的危害，并能采取正确的方法避免性侵害。

（三）教学课时

1课时

（四）教学过程

1. 导入

用真实的案例再现导入本课。

---

①学会自我防护 构筑和谐天空[EB/OL].http://wenku.baidu.com/link?url=2fvl7HyROw4TDaCqxTajoyeKH50gufZjbPh0yqN6MJwtZzuN_-kGLoCbSe1eE6olIF4SacPzuSmZou5B3SdEtYQoQElO3V6aczBu71W4L3S.2014-2-9.

2. 行动在线

(1) 什么是性侵害?

性侵害是指非意愿性的和带有威胁性的各种性攻击行为，如强奸、猥亵等。性侵害的对象不仅仅是女孩，也包括男孩。

(2) 性侵害的形式主要有哪些?

暴力型性侵害、胁迫型性侵害、社交型性侵害、诱惑型性侵害、滋扰型性侵害。

3. 知识链接

当性侵害发生时，女孩要懂得利用法律武器来维护自己的权益。

“同性性侵害”是一种严重危害社会道德和个人尊严的行为，必须受到法律的制裁。

4. 温馨提示

什么时间和哪些场所最容易遭受性侵害?

(1) 夏天是容易遭受性侵害的季节。

(2) 夜晚是容易遭受性侵害的时间。

(3) 公共场所和僻静处是容易遭受性侵害的地方。

5. 问题探究

我们平日应如何防范性侵害?

(1) 提高识别能力，增强防范意识。

(2) 行为端正，态度明朗。

(3) 学会利用法律的武器保护自己。

(4) 学点防身术，提高自我防范能力。

学生谈收获及感悟，教师支招:

(1) 生理救助，就是要告诉亲人，在告诉亲人的同时要去找医生；找医生之前不要洗澡，以便取证。

(2) 法律救助，就是说要有专门的人给我们法律帮助，指导我们怎么报案。

(3) 心理救助，是专业人员从心理上对我们的救助。

6. 提醒

(1) 不看黄色影片、光碟、书刊等。

(2) 外出时，尽量在安全路线行走，避开荒僻和陌生的地方。

(3) 晚上外出时，应结伴而行。衣着不要过于暴露，不要过于打扮，切忌轻浮张扬。

(4) 不到歌舞厅、茶座、咖啡屋、网吧、通宵电影院等地方娱乐。

(5) 外出时，要注意周围动静，不要和陌生人搭话，如有人盯梢或纠缠，应尽快向人多的地方靠近，必要时可呼救求救。外出后，随时与家长联系，`未得到家长的许可，不在别人家夜宿。

(6) 当遇到熟识异性向自己提出非分要求时，应保持镇静，坚决拒绝并尽快离开。

(7) 应该避免单独和异性在家里或是宁静、封闭的环境中会面，尤其是到异性的家里去。

(8) 在外面不可随便享用陌生人的饮料或食品，谨防内含麻醉药物；拒绝异性提供的色情影视录像和书刊图片，预防其图谋不轨。

(9) 独自在家，注意关门，拒绝陌生人进屋。对自称是服务维修人员，要告诉等家长回来再说。晚上单独在家睡觉，如果发现有陌生人进入室内，要果断地拨打“110”求救。

(10) 不搭乘陌生异性的车辆。

(11) 不要单独和网友见面。

(12) 自己的身体任何人都无权抚摩或伤害。如果受到性侵害，要尽快告诉家长或报警，切不可害羞、胆怯，延误时间丧失证据，让罪犯逍遥法外。

7. 拓展延伸

以班级为单位，开展一次以“防范性侵害，保护自我”为主题的班会活动，大家一起交流积极防范性侵害的好办法，让每个人都能增强防范意识与提高自我保护能力。

【简要评析】

该教学设计用图片与事件导入的方式开门见山地提出了性侵害的危害，用非常详细的条目归纳了关于性侵害的形式（其中包括同性的性侵害）、预防和自我保护，条理清晰语言简洁——首先引导学生认识什么是性侵害；其次引导学生了解性侵害发生的时间和主要场所，培养学生的观察分析能力和应变处置能力；最后使学生正确地对待生活中的性侵害事件。学生很好地参与其中，生动不枯燥。该教学设计起到了预防性侵害的安全教育的目的，在紧凑的教育教学过程中让学生们熟悉和掌握必要的保护自己的方式方法。

三、教学素材

相关案例

小王是一名小学六年级学生，平时性格内向，安静听话，是家中的“乖宝宝”。暑假期间小王回老家休假，所有亲戚朋友都汇集在家中聚餐，小王一个人在房间内玩计算机。下午家中来了一名维修电路的人，该人见小王一个人在房间，便与她闲谈。不久后，该男子检修好线路回到小王房间，将其堵在房间内进行猥亵，小王因害怕被亲戚发现不敢出声。等男子走后，小王下楼想找父母，但是看到楼下亲戚们都在交谈，担心自己的事情被亲戚们知道，只对询问的母亲说了几句无关紧要的话便又上楼去了。谁料半日之后，那名男子再度出现，又对小王实施了一次猥亵。当晚，小王终于将情况告知父母，父母对此感到非常惊讶。后来小王因此事无法上学，只好休学在家中休养。

一位小学六年级女学生坐公交车，站在进出下车的车门前。当时车上人非常多，很多人都刷卡从后门上。这时她发现一个男人挨着站在她身后，该女生刚开始以为是挤得很，但是后来发现该男子摸自己下身，她当时又不敢声张，又没人看见。男子见她没反抗就想把手伸进裙裤里面，于是这个女生把腿夹得很紧，阻止对方的手，该男子见底下行不通，就把手放在她胸上。见公交车快到站了于是打算下车，一开门该女生马上就逃下了车。最后腿脚酸软，又走了两站才回到家。

吕某是1名小学六年级学生，在校成绩不错，属于那种老师比较放心的学生。某个周末，吕某同班同学赵某（女）问她要不要一起跟外面认识的朋友出去玩儿，并称他们会去从没去过的地方。吕某在好奇心驱使下跟随赵某参与了社会青年韩某等人举办的“生日聚会”，聚会上吕某被大量灌酒后醉倒，在宾馆内韩某以及另外两名青年轮流对吕某进行了性侵犯。第二天吕某清醒后惊慌不已，不敢回学校和家中，于是在朋友家里躲避了一周。最后，因吕某失踪，家长报警，吕某才返回家中。事后赵某推脱“当时也喝醉了，什么都不记得了”。后来，警方破获该案件，据韩某交代，他们是想在生日宴会上找几个学校女生玩儿，于是让韩某的女朋友赵某帮忙想办法，并威胁找不到人就让她自己陪兄弟玩儿。于是赵某找到吕某，将其骗出，并坐视对方被强奸不管。

小学六年级学生小雨跟同学一起去KTV唱歌，期间KTV包厢进来一群小雨不认识的人，这群人称是同学中某某的朋友，被邀请过来一起玩儿的。于是大家就坐在一起继续唱。不久后，小雨发现这群人开始动手动脚起来，他们叫来两箱啤酒，拉小雨及其他同学一起玩划拳。一个男性在游戏时趁机握住小雨手腕摸了好一阵子，小雨觉得不太对劲儿，于是借口出去上厕所给朋友发了个短信，让朋友十分钟后打电话过来。小雨再次回到包厢，里面气氛已经非常混乱，有几个人正和自己的同学搂搂抱抱。见小雨回来，几个人又硬让小雨喝酒。这时小雨朋友打来电话，小雨连忙接起电话，谎称打电话过来的是自己父母，并将KTV及包房号在电话中报出来。挂掉电话后，小雨称自己父母要自己马上回家，借机离开。第二天，小雨上学后才知道，昨日KTV唱歌的同学有几名彻夜未归，家长和学校方多处寻找，几日后才见学生陆续回家。这其中发生了什么没人敢说，也没人知道，但是小雨凭借自己敏锐的直觉和处置逃过一劫。

据台湾东森新闻网报道，台湾南投炎峰小学校长黄某，被控对一名张姓女学生伸出魔爪，从她小学四年级一直性侵害到念大学。报道称，性侵害地点包括汽车旅馆、荒野山区、停车场和女方家中，次数多达513次，连她有了男友也不放过。受害人多年来饱受黄某摧残，现在必须要靠药物控制，不然随时情绪都会崩溃。[①]

①台一校长性侵女学生从小学到大学至少513次[EB/OL]. http://www.03964.com/read/4733d3c8fdee354b21e3ef21.html.

四、知识链接

《刑法》第二百三十六条："以暴力、胁迫或者其他手段强奸妇女的，处三年以上十年以下有期徒刑。奸淫不满十四周岁的幼女的，以强奸论，从重处罚。强奸妇女、奸淫幼女，有下列情形之一的，处十年以上有期徒刑、无期徒刑或者死刑：（一）强奸妇女、奸淫幼女情节恶劣的；（二）强奸妇女、奸淫幼女多人的；（三）在公共场所当众强奸妇女的；（四）二人以上轮奸的；（五）致使被害人重伤、死亡或者造成其他严重后果的。"

《未成年人保护法》第四十一条第一款："禁止拐卖、绑架、虐待未成年人，禁止对未成年人实施性侵害。"

《教育部、公安部、司法部关于辽宁等地相继发生教师强奸、猥亵学生事件情况通报》："一、坚决依法打击教师队伍中的性犯罪分子，严惩不贷……二、对事件相关责任人要严肃处理，绝不姑息。学校对学生负有保护责任。校长是学校的第一责任人，负领导责任。学校管理松懈，发生教师性犯罪事件的，要坚决依法追究校长、教育行政部门领导和相关管理人员的责任，严重的要撤销行政职务和开除公职。学校发生危害学生的性犯罪案件时，要立即向上级和公安部门报告，积极协助公安、司法部门尽快侦破案件，惩办罪犯。对推卸责任、延缓上报的要追究学校领导的行政责任，对包庇罪犯、隐瞒不报的要坚决依法追究有关领导及相关责任人的法律责任。对于违反教师资格制度，造成被录用的不具备教师资格的人对学生进行性犯罪的，要从严从重查处徇私舞弊的相关责任人。学校每个教职工对学生人身安全都负有保护责任。对教师性犯罪知情不报的教师，丧失了作为教师的基本职业道德，要开除出教师队伍，永不录用。"

第二部分 预防和应对公共卫生类事故

内容提要

公共卫生类事故是发生在学校最为常见的安全事故之一，本部分内容适用于小学高年级学生。由于小学生防范意识差，导致传染病是小学生常见的公共安全事故；由于小学生具有较强的模仿能力，吸烟酗酒等行为也是经常发生的公共安全事故之一；由于小学高年级的同学正处于青春的发展时期，对于自己身体上发生的变化也较为不适应。本部分的学习对于他们了解此类公共卫生类安全事故有一定的帮助，从而更好地促进其健康发展。

第一课　传染疾病莫大意

一、教学内容

传染病：传染病是由病原体（病菌、病毒、寄生虫等）感染人体后引起的感染性疾病。

（一）传染病的危害

1. 总说

人类历史上有记录的死亡人数超过 10 万的瘟疫：

从 468—1930 年，1462 年暴发了 41 次死亡人数超过 10 万人严重疫情，我国发生过 7 次。

468 年，河南、河北、山东、湖北及安徽发生疫病，15 万人死亡。

1358 年，山西及河北发生疫病，死亡人数超过 20 万。

1772—1855 年，中国云南省流行鼠疫，25.3 万人死于该病。

1856—1900 年，中国云南全省有 86 个县流行鼠疫，死亡 73 万多人。

1884—1953 年，中国福建 57 个县（市）中有 71 万多人死于鼠疫。

1887—1919 年，中国内蒙古东部 52 万人死于鼠疫。

1910—1913 年，中国和印度发生淋巴腺鼠疫，死亡数百万人。

2. 鼠疫

第一次鼠疫发生于公元 6 世纪，起源于中东，流行中心在地中海沿岸，几乎波及当时所有著名国家。疫情持续了 50~60 年，肆虐巅峰时期每天有万人丧命，死亡总数约一亿人。

第二次鼠疫，即历史上称为黑死病的那一次。此次鼠疫发生于 14 世纪，断断续续持续了近 300 年，疫区遍及整个欧亚大陆和北非北海岸。直到史称的“伦敦大火灾”烧毁了伦敦的大部分建筑，老鼠也销声匿迹，鼠疫流行才随之平息。此次鼠疫中，欧洲共死亡 2 500 万人，占当时欧洲总人口的 1/4，意大利和英国的死亡人数则为其总人口的 1/2。

3. 流感

1918 年，世界上暴发了历史上最著名的严重流感大流行——“西班牙流感”。它夺去了超过 5 000 万人的生命（当时正值第一次世界大战，其死亡人数才 1 900 万）。其中，西班牙死亡 800 万人，在这场流感之后，美国人的平均寿命下降了 10 年。

2005 年 2 月，暴发禽流感。

2009 年 4 月，墨西哥出现第一例猪流感，后改名为 H1N1。

4. 霍乱

1817 年，霍乱起于印度，传到阿拉伯地区，然后到了非洲和地中海沿岸。20 世纪 90 年代，霍乱患者数量呈现上升趋势。多次在全球范围内流行，其中有 6 次是在 19 世纪。世界卫生组织称，它是对全球的永久威胁，并说“威胁在增大”。因此也被称为“19 世纪的世界病”。

5. 结核病

自 1882 年柯霍发现结核菌以来，迄今因患结核病死亡的人数约为两亿人，每年约有 6 500 万人受到结核病感染。据世界卫生组织报道，目前全球有近 1/3 的人感染了结核菌。全球有活动性肺结核患者约 2 000 万，每年新发结核患者 800 万 ~1 000 万，每年约有 300 万人死于结核病，结核病再次成为数一数二的人类杀手。

6. 艾滋病

1978 年，在纽约发现第 1 例艾滋病以后，1979 年发现 7 例，1980 年发现 12 例，1981 年发现 204 例，1982 年发现 750 例，到 1983 年已累计发生 1 739 例，艾滋病病例数逐年直线上升。世界卫生组织宣布，到 1992 年 7 月底艾滋病已蔓延 164 个国家。1995 年 6 月 30 日，世界卫生组织公布，全世界登记在册的艾滋病病例已接近 117 万。世界卫生组织认为，实际数要比此数高得多，估计全世界病例总数可能已超过 500 万，全世界目前 HIV 感染者的总数已超过 2 000 万人，每天还约增加 600 人。目前以美洲为最多，其次是亚洲，欧洲名列第三。

（二）传染病的传播途径

传播途径指病原体自传染源排出后，在传染给另一易感者之前在外界环境中所行经的途径。一种传染病的传播途径可以是单一的，也可以是多个的。传播途径可分为水平传播和垂直传播两类。

1. 水平传播

水平传播又称横向传播。传染病病原体在传染源与易感者之间传播。或传染病在人群中群体与群体之间或个人与个人之间以水平形式平行传播，有介质传播、接触传播、媒介节肢动物传播等方式。

（1）介质传播。病原体可通过空气、水、食物、土壤等介质传播。

经空气传播：患者和病原携带者在咳嗽或打喷嚏时，呼吸道中含有病原体的分泌物以飞沫的形式排到空气中，易感者吸入这种飞沫，即可被传染，如流感即经此途径传播。

经水传播：饮用污染的水或在其中活动（游泳、洗澡等），均可被感染。霍乱、痢疾、病毒性甲型肝炎、病毒性戊型肝炎、钩虫病等均可经水传播。经水传播的传染病常呈现流行或暴发状态，传播范围的大小和发病率的高低与水源的类型、供水范围、水被污染的程度和频率、病原体的种类、居民的卫生习惯，以及对水源采取的净化、消毒措施等都有关系。

经食物传播：多数肠道传染病、一些肠寄生虫病、个别的呼吸道疾病，都可经食物传播。食物原料本身可含有病原体，如生牛肉、猪肉可带有绦虫包囊。此类食物制作时若加工不完善、消毒不严格，就可传染疾病。有时，食物原料虽不带病原体，但在加工、运输、储存、销售过程中被污染，则食物仍可带有相当数量的病原体。

经土壤传播：蛔虫、钩虫、鞭虫等寄生虫病，可通过土壤传播。土壤中的炭疽杆菌、破伤风杆菌等的芽孢可长期在土中存活，长期保持传染性。

（2）接触传播。又可分为两类：一是易感者与传染源直接接触而被感染，如性传播疾病、狂犬病等即属此类。二是传染源的排泄物、分泌物污染日常用品，附着于其上的病原体经手或通过口鼻黏膜、皮肤传染易感者，如污染的公用毛巾、衣帽、玩具、文具等可分别传播沙眼、癣、疥疮、头虱和白喉等。由这种途径传播的传染病，一般发病呈散在性，很少导致流行，其发病特点与病原体在外界环境中的抵抗力、物品交替使用的频率、消毒措施是否完备以及个人卫生习惯有关。

（3）媒介节肢动物传播。这种传播途径可分两类。一为机械性传播，即病原体在节肢动物体表或体内带往他处，却不繁殖。节肢动物接触食物、食具或在其上反吐、排便时将其污染，人食用被污染的食物或使用被污染的食具时即可被感染。如家蝇传播的痢疾。二为生物性传播，病原体进入节肢动物体内经发育繁殖方能感染易感者。蚊吸入传染源的血后，病原体在其体内发育（丝虫微丝蚴）、繁殖（流行性乙型脑炎病毒）或既发育又繁殖（疟原虫）。有的病原体可经雌性媒介节肢动物的卵巢传到下一代（经卵传播），然后病原体经吸血节肢动物的唾液（疟原虫）、呕吐物（鼠疫杆菌）、粪便（斑疹伤寒病原体）进入易感者机体。

由这种途径传播的传染病常呈地方性和季节性升高现象，受气温、湿度、日照、土壤、植被等自然因素的影响较大。且有生物学特异性，一定种类的病原体只能通过一定种属的节肢动物传播，如某些按蚊传播的疟疾等。

医源性传播指医务人员对患者作检查、治疗或预防注射等过程中造成的传染病传播。如外科和妇科使用的器械消毒不严格，可造成伤口感染或传播滴虫病。使用污染的针头可传播获得性免疫缺陷综合征。输用乙型肝炎表面抗原携带者的血可传播病毒性乙型肝炎。

2. 垂直传播

病原体从上一代向下一代的传播，指孕妇在孕期和产期将病原体传给子代，又包括以下几种：经胎盘传播、上行性传播（病原体经孕妇阴道、子宫颈口到达绒毛膜或胎盘引起胎儿感染）和分娩引起的传播。①

（三）如何应对传染病

1. 发现传染病症状应立即报告教师

学生本人出现或发现其他同学有以下传染病症状，应立即报告教师或其他负责人：出现发热、呼吸较平时急促、发冷、咳嗽、鼻塞、流涕、打喷嚏、头痛、喉咙痛、胸痛、全身酸痛及乏力（原因不明）、咳脓痰或痰中带血

①传染病传播[EB/OL].http://baike.so.com/doc/6330668.html.

等症状时，应及时报告，并采取必要的简要隔离措施，如向教师或专职（兼职）卫生保健人员要求提供一个口罩，并接受适当的隔离，等待诊治。出现腹痛、腹泻、食欲不振、呕吐等症状，手脚、头皮、躯干出现水疱或皮肤出疹子、疥疮或头虱、皮肤瘙痒等，眼睛红肿、流泪、怕光、分泌物增多，曾被犬、猫及其他动物舔、咬伤，对声、光、风等敏感，出现“恐水”现象，其他自己感觉明显的异常或身体不适，都应报告。报告时应该尽量将有关症状的性质和特点描述清楚。住宿生之间接触多，易造成传染病的传播，学生应提高警惕，注意观察自己及宿舍其他同学情况，发现病情及时报告。大多数患者在感染传染病时会出现一些传染病常见的临床症状，但也有一些患者临床表现不典型，不易被察觉。因此，即使没有明显的临床症状，当同学出现精神萎靡或与平时表现不一致等情况时，也应提高警惕，注意观察。

2. 及时报告病情进展

（1）学生在校内感到不适或出现上述症状，应及时向班主任报告，听从班主任安排，不能隐瞒病情。

（2）学生在家中患传染病，应及时就诊，学生家长应将学生病情通知教师。

（3）住宿学生出现上述情况，应及时报告宿舍长，由宿舍长或学生本人报告教师。

报告内容包括：症状、发病时间、有无其他人出现类似症状、出现症状后是否与他人接触等。

二、教学设计

【例1】

了解预防传染病

（一）教学目标

(1) 了解人类传染病和预防传染病的一般措施，理解传染病流行的三个环节，在实践中能够灵活运用。

(2) 学生分组讨论，教师再讲解，使同学们了解传染病的相关知识。

(3) 贯彻以预防为主、防重于治的精神，掌握一定的自我保护方法。

（二）教学内容

传染病是由病原体（病菌、病毒、寄生虫等）感染人体后引起的感染性疾病。了解传染病流行的三个基本环节：传染源、传播途径和易感人群，了解预防传染病的一般措施和传染病的种类。

（三）教学课时

1 课时

（四）教学过程

1. 导入

你知道在人类的疾病中，哪些有传染性、哪些没有传染性。

学生分组讨论，各组选一名代表发言，尽量举出所知道的传染病和非传染病。最后由教师归纳得出正确结论。

2. 传染病的概念

传染病是指由病原体（如病菌、病毒、寄生虫等）引起的、能在人与人之间或人与动物之间传播的疾病。

传染病的突出特点就是具有传染性和流行性，可以用肺结核病的例子解释流行性的含义，并以此引入下一个题目。

3. 传染病流行的三个基本环节

(1) 传染源。传染源是指能够散播病原体的人或动物。这里必须说明的是，传染源之所以能大量散播病原体，是因为病原体在人的体内，如呼吸道、消化道、血液或其他组织中生存并繁殖，再通过传染源的排泄物、分泌物或生物媒介（如蚊、虱等）直接或间接地传播给健康人。结核杆菌就寄生在人的呼吸道黏膜和肺的组织中，大量繁殖后，就可随呼吸道的分泌物——“痰”散播出体外，传染健康人。

蛔虫病患者的粪便中就有大量蛔虫卵，患者就是传染源，而蛔虫和蛔虫卵就是病原体。

许多农村有用粪水浇灌蔬菜的习惯，所以有的蔬菜上就沾有蛔虫卵，传播蛔虫病。请同学们思考一下，这种带虫卵的蔬菜是不是传染源？在此非常容易答错，提示学生传染源的定义是什么。再进行分析，因蔬菜只是被虫卵污染，蛔虫并不能在蔬菜体内生存和繁殖，所以蔬菜不是传染源。那么，蔬菜被虫卵污染应属于什么性质呢？导入下一题目。

(2) 传播途径。被虫卵污染了的蔬菜是把病原体（虫卵）从传染源（蛔虫病患者）转移到健康人的中间传播途径，这叫饮食传播。此外，还有其他传播途径，如空气传播、水传播、接触传播、生物媒介传播等。请学生分组讨论，对每种传播方式都举出几个实例。

我们周围的病原体很多，环境中到处都可遇到病菌和病毒等，是否接触到了病原体就得病？腮腺炎流行时也不是每个人都被感染。那又是什么原因呢？

(3) 易感人群。易感人群是指对某种传染病缺乏免疫力而易感染该病的人群。未出过麻疹的儿童，没有对此病的免疫力，就是麻疹的易感人群。

讨论：“流感”病流行的三个基本环节是什么？讨论时每个环节的内容要具体。

总结：传染病的概念、传染病流行的三个基本环节。

4. 预防传染病的一般措施

在传染病流行时，只要切断三个基本环节中的任何一个，其流行便可终止。

(1) 控制传染源。许多传染病在发病以前就有传染性，而到了发病初期传染性最强，一般我们对传染病人如何护理？在学生讨论的基础上得出结论。

对病人要尽量做到早发现、早报告、早治疗、早隔离，防止传染病蔓延。对于传染病人要倍加关怀，不可排斥，病人有好的心情有利于早日恢复健康。对患传染病的动物，一定要及时处理，如患狂犬病的狗，即使它是个可爱的宠物，也不能留。

(2) 切断传播途径。有个肝炎患者，在饭店吃过饭后在他的碗下压了一个字条：“我是肝炎患者，请把用过的餐具消毒后再用。”很显然这是一个有社会责任感的人。他的目的就是要切断传播途径，其实饭前便后要洗手，消灭蚊蝇等，也可以切断传播途径。讲究个人卫生，消灭媒介生物等，使病原体没有机会感染健康人。

(3) 保护易感者。进行预防接种，提高易感人群的抗病能力。此外，积极参加体育运动，增强体质在防病中的作用也是很重要的。

不同的传染病预防的方法也各不相同，主要是要找出它的薄弱环节，要因病制宜。

5. 人类的传染病

传染病的种类很多，根据传播途径的不同，主要有以下几类：

（1）呼吸道传染病。提供思考提纲，让学生分组讨论，最后教师进行小结。

①你认为哪些疾病属于呼吸道传染病？

②呼吸道传染病常发生在什么季节？

③主要传染源是什么？（注意带菌者虽然本人不发病，没有症状，但也是传染源）

④病原体的主要寄生部位在哪里？

⑤呼吸道传染病的主要传播途径是什么？

⑥禁止随地吐痰和保持教室空气流通在防止呼吸道传染病上有何意义？

（2）消化道传染病。消化道传染病是由病原体侵入消化道黏膜后引起的传染病。

课前做好工作，请得过痢疾、肝炎或蛔虫病的学生，或者家里有过这种患者，对病情比较了解的学生，向同学介绍主要病症和如何感染上此病的。在治疗中采取了哪些主要措施，病好后得到了什么教训，今后如何预防等。

以下两种传染病学生的感性认识较少，主要由教师讲解。

（3）血液传染病。主要是指蚊、虱、蚤、蜱等媒介所引起的传染病，因而又叫虫媒传染病。因学生对虱、蚤、蜱等很少能见到，最好有挂图、照片或录像等媒体辅助教学，以增强直观效果。

对疟疾、流行性乙型脑炎、黑热病、丝虫病和出血热等做简单的介绍，或者用录像等媒体进行介绍。

传染源是病人和带病原体的动物；病原体的原始寄生部位是血液和淋巴；传播途径是生物媒介。预防办法主要是切断传播途径，消灭蚊虫、虱子等。

(4) 体表传染病。主要是指由于直接或间接与患病的人、动物接触，或者与含有病原体的土壤、水接触，病原体经皮肤进入人体引起的传染病，所以又叫接触传染病。利用照片或录像等媒体简单介绍破伤风、狂犬病、血吸虫病、沙眼、疥疮和癣等传染病，可结合本地区情况重点介绍一两种，特别是破伤风、血吸虫病和沙眼。

病原体寄生在皮肤和体表黏膜，主要通过接触传播，注意隔离患者，做好个人卫生，不使用公用毛巾和脸盆等，不与带病原体的动物接触，最好不养猫、狗等宠物。①

【简要评析】

该教学设计清晰、完整、具体，能活化教学内容，使之生活化，和生活实际相联系，增加学生对学习内容的兴趣，有利于学生们了解传染病，从而预防传染病。传染病的种类介绍得很详细，教师和学生之间的互动也很多，不仅仅是教师讲，学生记，而是让学生参与到教学中来。如何预防传染病，学生应该如何应对不同的传染病，要求学生联系实际去考虑问题，这样有利于学生活学活用。

【例2】

甲型H1N1流感的预防

(一) 教学目标

(1) 了解甲型H1N1流感，传染病的分类，传播的三个环节，分析如何预防传染病。

(2) 由一段视频导入主题，让同学学会用多种方式查找所需要的资料，之后总结传染病的相关知识。

(3) 提高学生的学习兴趣，了解传染病，进而保护自己。

(二) 教学内容

介绍甲型H1N1流感病毒的起源、传播以及在全球的感染情况。了解到甲型H1N1流感的传染性很强，它属于传染病的一种，为何传染病威力如此巨大。带着对这个问题的思考，了解传染病，进而对甲型H1N1流感

①传染病教案教学设计.http://blog.163.com/gongchagzhang@126/blog/static/5145406020083297482786/.

的预防有一个深层的领悟。

（三）教学课时

1 课时

（四）教学过程

1. 导入新课（新闻导入）

上课前大屏幕滚动播放《甲型 H1N1 流感的预防》宣传短片。

课件：视频播放《新闻》，通报全球甲型 H1N1 流感病毒蔓延的最新情况。

活动一：学生分组派代表交流课前搜集的资料，介绍甲型 H1N1 流感病毒的起源、传播以及在全球的感染情况。

过渡：通过刚才同学们的讲述及展示的资料，我们可以看出甲型 H1N1 流感的传染性很强。它属于传染病的一种，为何传染病威力如此巨大，我们在它面前真的一筹莫展吗？通过本节课的学习，让我们来好好了解它。

设计意图：通过视频，让学生对传染病有个形象的认识。带着浓厚的兴趣开始新课，让学生有了明确的学习目标和高涨的学习动力。

2. 讲授新课

活动二：接龙游戏，通过课前的资料查阅，以接龙的方式 4 组竞赛，比比看谁知道的传染病种类多。请两个记录员将传染病的名称写在黑板上。游戏过程中，学生可能会提到一些非传染病，教师要立刻给予纠正，并说明原因。

(1) 请同学们 4 人为一小组，找出每一种疾病的致病原因。通过活动我们可以看出，病毒、细菌、真菌、寄生虫等都是引起传染病的原因，我们把它们称为病原体。

(2) 以小组为单位，讨论传染病的传播对象。可以是人传给人，也可以是人传给动物，或者是动物传给人。

传染病概念：指由病原体引起的，能够在人与人之间或人与动物之间传播的疾病。

(3) 我们一般将传染病分为四大类，以小组为单位，把黑板上所记录的传染病进行分类，完成大屏幕上的表格。

传染病的分类	
传染病类型	常见的传染病
呼吸道传染病	
消化道传染病	
血液传染病	
体表传染病	

设计意图：活动是学生提高综合能力的重要途径。让学生通过自己的观察、思考、探讨等活动自己感悟，这是新课程倡导的教育理念。

视频播放：短片《甲型 H1N1 流感病毒大暴发》。

思考：①通过上述短片，你认为传染病具有哪些特性？

②一个传染病的传播，需要具备哪些环节？

学生分组讨论，派学生代表总结并完成以下表格。

传染病的分类	
传染源	能够传播病原体的人或者动物
传播途径	空气、水、食物、接触
易感人群	老人，小孩，特别指出甲型 H1N1 流感的易感人群是青壮年

过渡：现在甲型 H1N1 流感在全球大规模暴发，回忆你知道的，全世界范围内采取了哪些措施来预防这种疾病？

学生自由发言：

(1) 减少到公共人群密集场所的机会。

(2) 保证饮食以及充足睡眠、勤于锻炼、勤洗手、保持室内通风等，养成良好的个人卫生习惯。

(3) 咳嗽或打喷嚏时用纸巾遮住口鼻，然后将纸巾丢进垃圾桶。

(4) 可以考虑戴口罩，降低风媒传播的可能性。

(5) 避免接触生猪或前往有猪的场所，猪肉要用 71℃ 以上高温加热后再食用。

师生共同总结：由特殊病例升华到一般疾病。[①]

预防传染病流行的措施	
控制传染源	对感染人群做到早发现，早报告，早隔离，早治疗等
切断传播途径	注意个人卫生，对公共场合喷洒消毒液，加强食品卫生管理等
保护易感人群	避免接触传染源，锻炼身体，预防接种等

【简要评析】

本教学设计利用多媒体教学，学习方法和教学手段多样化，降低了学习难度，提高了学习效率。能够让学生在动手操作中进行独立思考，鼓励学生发表自己的意见，与同伴交流，并充分给足了学生动手、观察、交流、合作的时间和空间。创设丰富多彩的情境，为学生对新知的探究和整节课教学任务的完成起到了举足轻重的作用。本教学设计中设计了很多表格，有利于学生们记忆课堂内容，学生们可以通过画表格的过程，加强记忆。课后学生也可以通过看表格更直观地回忆课上内容。 教学内容很具体，教师课前准备得很充分。通过本次学习，学生们都会对传染病有一个深刻的理解。

三、教学素材

传染病危害大，百姓谈“疾”色变[②]

传染病不同于其他疾病，其本质特征——传染性使得疾病的蔓延速度快，影响范围广，对人体健康危害大，这就造成了不少人对传染病谈“疾”色变，进而对传染病患者产生了排斥心理。尤其是对象得了慢性乙肝和艾滋病这样久治难愈，甚至是应用目前的医疗技术无法治愈的疾病的患者更是“拒”而远之，唯恐躲避不及，惹“病”上身。

——据京华时报报道：中国第一位直面公众的艾滋病病毒感染者刘某亮在“预防艾滋病，你我同参与——筑起民间防线万里行活动”期间，发出的一些资料被当场扔了回来：“你看，‘爱死病’”；家乡人打来电话

①传染病.合肥教研网. http://jys.hfjy.net.cn/showtopic.jsp? id=7673.

②传染病危害大，百姓谈“疾”色变[EB/OL].人民健康网.http://health.sohu.com/55/38/harticle16593855.shtml.

责问："你犯什么傻？现在别人都知道我们是艾滋病人的邻居了。让我们怎么生活？"甚至在办理好住宿手续，马上就要休息时，被旅店经理以"不合店内规定"为由从旅店中赶了出去……

——据《春城晚报》报道：去年6月26日晚上，小南因车祸住进云南某省级医院。经诊断，她左腿股骨骨折、左大腿皮肤撕脱伤，当晚进行了第一次手术。就在第二次手术前夕，小南及其家人拿到一份血检报告：HIV检测呈阳性。艾滋病！他们还未能接受这个残酷结果时，新的打击又接踵而至：第二次手术被取消。7月5日至7月9日整整5天，医护人员没有来给小南换药，她的伤口开始化脓……

——据华商报报道：去年年初，广东省东莞市一名妙龄少妇在医院生小孩时，突然被证实为艾滋病毒携带者，她和老公四处奔走，弄得债台高筑、倾家荡产。更令她难以承受的是，自从她的病情传出后，便无法工作，无法正常生活，一家三口躲进了荒山上的废弃屋，但仍然遭到当地治保会的驱逐和极端的歧视……

——据华商报报道：就职于四川成都某计算机公司的张女士在一次例行体检中被查出是乙肝病毒携带者后，公司员工都不愿和她接触，甚至连她用过的计算机也无人敢碰。一个月后，公司单方面撕毁合同，以不能正常工作为由将她强行"清理出局"。而当她到另一单位应聘时，在两次面试合格的情况下，又被该单位以同样的理由拒绝在门外。绝望之下，张女士吞下了一瓶安眠药……

四、知识链接

（一）国外传染病情况

WHO、美国疾控中心等网站报道公布的国外传染病疫情主要包括流感、人感染高致病性禽流感、诺如病毒感染、登革热、黄热病等。截至目前，WHO尚未就上述疫情发布任何国际旅行限制或相关警告。

1. 流感

近期为北半球温带地区流感高发季节，北美、欧洲以及我国北方地区流感疫情较为活跃。南半球国家处于非流行季节。目前使用的流感疫苗对当前流行的流感预防效果良好。

2. 人感染高致病性禽流感

2013 年 1 月中旬，柬埔寨多个地区发生 H5N1 高致病性禽流感疫情。截至 1 月 29 日，累计报告病例 5 例，死亡 4 人。H5N1 高致病性禽流感在东南亚国家、非洲的埃及以及尼日利亚、孟加拉国以及我国均曾有病例报道。人主要通过密切接触病死禽而感染。

3. 诺如病毒感染

近期英国、美国、日本等国报告多起诺如病毒暴发疫情，诺如病毒可经人与人接触传播或食物饮水传播。

4. 登革热

自 2013 年以来，巴西多地暴发登革热疫情，其中巴西南部省份南马托格罗索州（Mato Grosso do Sul）首府大坎普市（Campo Grande）1 月份前 3 周报告登革热病例 9 320 例，该市 1 月 21 日宣布进入紧急状态。巴西东南部省份圣埃斯皮里图州（Espiritu Santo）的首府维多利亚市（Vitoria）1 月份报告病例 1 500 余例。登革热主要通过蚊虫叮咬感染，目前还没有可供接种的疫苗。

5. 黄热病

自 2012 年 9 月以来，苏丹达尔富尔地区暴发黄热病疫情。截至 2013 年 1 月 9 日，累计报告病例 849 例，死亡 171 人。黄热病主要通过蚊虫叮咬感染，目前已有相应的疫苗。[①]

（二）《中华人民共和国传染病防治法》（节选）

第三条 本法规定的传染病分为甲类、乙类和丙类。

甲类传染病是指：鼠疫、霍乱。

乙类传染病是指：传染性非典型肺炎、艾滋病、病毒性肝炎、脊髓灰质炎、人感染高致病性禽流感、麻疹、流行性出血热、狂犬病、流行性乙型脑炎、登革热、炭疽、细菌性和阿米巴性痢疾、肺结核、伤寒和副伤寒、

①国内外最新重要传染病疫情情况[EB/OL].http://www.360doc.com/content/13/0311/22/2280746_270896909.shtml.

流行性脑脊髓膜炎、百日咳、白喉、新生儿破伤风、猩红热、布鲁菌病、淋病、梅毒、钩端螺旋体病、血吸虫病、疟疾。

丙类传染病是指：流行性感冒、流行性腮腺炎、风疹、急性出血性结膜炎、麻风病、流行性和地方性斑疹伤寒、黑热病、包虫病、丝虫病，除霍乱、细菌性和阿米巴性痢疾、伤寒和副伤寒以外的感染性腹泻病。

上述规定以外的其他传染病，根据其暴发、流行情况和危害程度，需要列入乙类、丙类传染病的，由国务院卫生行政部门决定并予以公布。

第四条 对乙类传染病中传染性非典型肺炎、炭疽中的肺炭疽和人感染高致病性禽流感，采取本法所称甲类传染病的预防、控制措施。其他乙类传染病和突发原因不明的传染病需要采取本法所称甲类传染病的预防、控制措施的，由国务院卫生行政部门及时报经国务院批准后予以公布、实施。

第十条 国家开展预防传染病的健康教育。新闻媒体应当无偿开展传染病防治和公共卫生教育的公益宣传。各级各类学校应当对学生进行健康知识和传染病预防知识的教育。医学院校应当加强预防医学教育和科学研究，对在校学生以及其他与传染病防治相关人员进行预防医学教育和培训，为传染病防治工作提供技术支持。疾病预防控制机构、医疗机构应当定期对其工作人员进行传染病防治知识、技能的培训。

第十五条 国家实行有计划的预防接种制度。国务院卫生行政部门和省、自治区、直辖市人民政府卫生行政部门，根据传染病预防、控制的需要，制定传染病预防接种规划并组织实施。用于预防接种的疫苗必须符合国家质量标准。

国家对儿童实行预防接种证制度。国家免疫规划项目的预防接种实行免费。医疗机构、疾病预防控制机构与儿童的监护人应当相互配合，保证儿童及时接受预防接种。具体办法由国务院制定。

第二课　吸烟、酗酒须远离

一、教学内容

吸烟被联合国世界卫生组织称之为“20 世纪的瘟神”，是“慢性自杀的行为”。发达国家正以每年 1%~2% 的速度下降，而我国却呈上升趋势，并向低龄、女性的方向发展。对于酗酒，医学界将酗酒定义为：一次喝 5 瓶或 5 瓶以上啤酒者，血液中的酒精含量达到或高于 0.08。由于大量酒精会杀死大脑神经细胞，长此以往，会导致记忆力减退。还可能引起脂肪肝、肝硬化等肝脏疾病，情况严重者必须进行肝脏移植才能保全性命。

有关调查研究以菏泽市 6 所学校的 1 699 名青少年学生为研究对象，采用修订的青少年危险行为调查问卷。结果显示，51.4% 的学生吸过烟，14.2% 的学生近期内吸过烟，8.0% 的学生经常吸烟，12.8% 的学生尝试过戒烟。76.5% 的学生喝过酒，36.7% 的学生近期内喝过酒，27.7% 的学生喝醉过。在吸烟、饮酒的占比上，男生明显高于女生，农村学生普遍高于城市学生。结论是青少年儿童吸烟、饮酒的使用情况较为普遍，学校应针对青少年学生不同年龄阶段的特点，开展有针对性的健康教育，以减少吸烟、饮酒对其的危害。①

（一）我国青少年、儿童吸烟、酗酒的原因分析

1. 新时期青少年、儿童吸烟现象增多的原因分析

青少年、儿童开始吸烟的影响因素是多方面的，青少年、儿童正处于生理、心理的快速发展时期，对事物缺乏准确的判断力，易受外界影

①马雷军.学校安全指导手册[M].吉林：东北师范大学出版社，2013：12.

响，同时，这一时期也是青少年、儿童吸烟行为的一个关键变化期。英格兰的一项定性调查研究指出，青少年、儿童认为吸烟是社会群体活动，吸烟可以显得与众不同。国内外许多资料表明：青少年、儿童往往是在遇到问题、感到孤独、寻求放松、追求感官刺激、希望标新立异，或者是受父母朋友的示范影响尝试吸烟的。同伴影响是青少年、儿童尝试吸烟的重要原因，此外名人、师长的示范效应也极大地影响了青少年对烟草的使用。吸烟家庭中子女吸烟比例明显高于不吸烟家庭子女，可见父母对吸烟的态度和行为对子女是否吸烟具有很大影响。但 Limichell 等研究发现，个体因素在影响青少年采纳吸烟行为上远比通常认为的社会化过程和同伴压力等来得重要。武亚军等分析指出：思想活跃、兴趣广泛、好奇心强是青少年、儿童吸烟的心理因素；家庭、教师、同学中的吸烟行为和社会上敬烟、让烟的不良习俗是影响学生吸烟的社会因素。吸烟行为的形成，是个体心理、社会、环境等诸多因素共同作用的结果。

2. 新时期青少年、儿童酗酒现象增多的原因分析

从调查结果来分析，可以发现，造成未成年学生饮酒的原因既有未成年学生的主观内在因素，也有社会不良风气存在的客观因素。

（1）内在因素方面。内在因素方面主要是受儿童的生理、心理特点影响。青少年、儿童正处于人生的过渡阶段，即从童年向青年过渡、从幼稚向成熟过渡、从不定型向定型过渡的时期。在此期间，学生充满着依赖与独立、幼稚与成熟等种种错综复杂的矛盾：他们往往是孤立地认识事物的个别特征和表面现象；行动容易受好奇心驱使，常常具有冲动性和情绪性的特点；他们存在着求知欲强与识别力低的矛盾特点。喝点酒，觉得无伤大雅；出于好奇，想尝尝酒到底是什么滋味；为了助兴，分享快乐，使自己显得时尚、老练成熟，这些五花八门的观点表现出他们糟粕不辨，思想较多地受到外界因素的影响和支配的心理思维特征。由于大部分青少年、儿童还缺乏意志上的自主调控力，常常表现出意志行为上的脆弱性。当前整个社会环境的竞争加剧，给青少年学生产生了较大的思想负担，造成不少学生对外界事物的过分敏感、缺乏信心，产生了情绪失调、焦虑、抑郁、偏执、心理不平衡感等情绪障碍。这种形势下，一些青少年、儿童

误把酒作为精神放松的辅助剂，企图“借酒消愁”，缓解面临的矛盾与冲突，以求得短暂的宽慰与松弛。从调查数据中显示，已经有10.2%的学生饮酒的目的是“为了摆脱束缚，放松自己”。这显示了已经有相当数量的青少年、儿童存在企图借助酒精来逃避自己生活中所遇到的困难的心理危机现象。

（2）外在因素方面。外在因素方面主要包括学校教育、媒体广告、家庭和酒类经营商对青少年、儿童造成的影响。

首先，学校对禁止学生饮酒的教育力度严重不足。学校是学生学习知识的主要平台，但是目前不少学校对学生的饮酒问题却未给予足够的关注。大多数学校里没有专门讲授有关酒类知识的课程，许多学生缺乏酒对自身危害性的系统知识，不了解饮酒的具体危害。

其次，媒体广告是误导儿童饮酒的一个重要助推力。广告的影响不可低估，青少年、儿童接触到的酒类广告比任何人群都要多，而且他们比大人更容易受酒类广告的影响。从调查数据显示，有52%的学生通过电视了解酒及其品牌；有6%学生是通过报刊认识酒；5.7%学生是通过网络结识了酒。而在我国酒类商品的广告宣传内容方面，对于酒会对人产生的危害性却极少提及，更难以见到禁止未成年人饮酒的内容。广告充斥的是大量的“喝出健康、喝出快乐、喝出品位、舒服不只一点点”等片面、夸张的信息宣传，从而使一些青少年儿童觉得饮酒是值得去追求推崇的事。

（二）我国青少年儿童吸烟、酗酒预防机制的建立

1. 预防青少年吸烟机制的建立

开展创建“无吸烟学校”活动，通过组织、个体行为改变和制定校园不吸烟的政策，建立支持性环境，有效地预防学生吸烟。目前全国大部分省区均开展了这一活动，“无烟学校”上万所。1996年，中国联合国儿童基金会健康教育项目“学校预防吸烟教育新模式的研究”项目曾在17个省35所学校试点成功，并在全国近400所学校中推广。该项目吸取了以往的学校教育难以成功降低青少年、儿童吸烟率的经验教训，以降低学生的尝试吸烟率为目标，强调以学生为中心，引入参与式教育方法，将预防吸烟健康教育与技能培养融入学生正规教育中去，创造性地开展活动。

2. 预防青少年酗酒机制的建立

（1）学校应该加强对学生进行禁止未成年人饮酒的教育。学校作为教书育人的地方，是青少年、儿童学习知识、健康成长的主要平台。强化做好禁酒教育工作的责任感和紧迫感，积极加强对学生进行禁止未成年人饮酒知识的教育。各中小学生应该充分发挥课堂教学的主渠道作用，在相关课程里增加相关酒类常识，向学生介绍酒的特性，剖析酗酒对身心危害性的系统知识。从理性上增加学生对于酒的危害性的系统科学认识，从主观上提高学生禁酒的自觉性和主动性。

（2）各学校要充分利用墙报、学刊、演讲、班会等多种有效载体加大宣传力度。详细揭示未成年人饮酒的危害性，在学校里形成浓厚的禁酒教育氛围，让学生深刻认识到“禁酒才是成熟的表现，酗酒是伤身败行的蠢举”，使学生形成正确的舆论导向。

（3）各学校应该进一步加强学生的心理教育。对一些学生在学习、生活、人际交往和自我意识等方面遇到或产生的各种心理问题，开展有针对性的心理健康教育，使学生不断正确认识自我，增强调控自我、承受挫折、适应环境的能力；培养学生健全的人格和良好的个性心理品质。对少数有心理困扰或心理障碍的学生，给予科学有效的心理咨询和辅导，使他们尽快摆脱障碍，帮助他们掌握调控自我、发展自我的方法与能力，避免他们陷入“借酒消愁愁更愁”的尴尬境地。

二、教学设计

【例1】

吸烟、喝酒危害大

（一）教学目标

(1) 使学生懂得吸烟、喝酒危害严重，让他们从小就应杜绝烟酒，对烟酒说“不”。

(2) 通过图片及调查的方式引入主题，以辩论的方法让学生认识到烟酒的危害，进而加深学生的学习印象。

(3) 培养学生良好的生活习惯，珍爱生命，从小树立良好的行为意识，为日后健康发展奠定基础。

（二）教学内容

吸烟酗酒是小学生日常生活中需要远离的。因此，教师需要教导小学生正确地认识到这一问题。通过调查、辩论等形式进行教学，增加学生积极性的同时使学生牢记树立良好生活习惯的重要性。与此同时，教师要通过网上及书本查找，了解吸烟、酗酒的危害，设计引导性问题，帮助学生主动学习，积极参与。

（三）教学课时

1 课时

（四）教学过程

1. 导入

吸烟、酗酒是小学生日常生活中需要远离的，老师要教导小学生认识到这一问题。可以通过辩论的方式进行教学，然后让学生们想一想，说一说，自己认为哪一方是正确的。结合小学生的实际，讨论一下还应该注意些什么问题，从而引入本节课的内容。

给学生看几张有关吸烟、喝酒的图片，问同学们："你们看图上的这些人在做什么？"

下面，老师来做一下调查：家里有人吸烟、喝酒的同学请举手。看来，会吸烟、喝酒真不是件稀罕事，吸烟、喝酒有没有危害呢？今天的这节课会给同学们带来明确的答案。

2. 教授新内容

本节课主要通过辩论的形式展开教学。

(1) 分析调查，明确辩题。你们认为吸烟、喝酒是好是坏呢？看来，同学们对吸烟、喝酒行为是好是坏的意见不太一致，那就让我们一起到"小小辩论台"上来发表自己的看法吧！（大屏幕出示：小小辩论台——正方观点：吸烟、喝酒没什么，觉得很酷！反方观点：吸烟、喝酒对身体有严重危害！）

正反两方你赞成哪一方呢？请赞成正方的同学坐到一、二组，赞成反方的同学坐到三、四组。（摆出"正方""反方"辩论牌，学生做出选择，迅速调整座位）

好，彼此观点非常明确，我们再来关注一下辩论规则（大屏幕出示：尊重对方意见，注意倾听）下面请分组讨论，准备展开辩论。

（2）展开辩论，认清危害。时间到了，都准备好了吗？辩论正式开始！哪一方先说？

……

刚才，正反双方都发表了自己的看法，正方同学坚持认为吸烟、喝酒很酷，理由是：酷劲十足、休闲放松、增进友谊。而反方同学则认为吸烟喝酒坏处多，理由是：危害健康，引发事故，诱发犯罪。

（3）转换视角，重建认识。真是公说公有理，婆说婆有理，大家都很难说服对方，现在让我们听听专家们对此有什么看法。（大屏幕出示：吸烟、喝酒危害多：①吸烟、喝酒影响身体健康。②吸烟、喝酒降低人的免疫力。③吸烟、喝酒导致学习退步。④吸烟、喝酒引发事故、诱发违法犯罪）

吸烟、喝酒为什么会有这么多危害呢？烟中、酒中到底有什么东西会伤害人体呢？让我们再来听听白衣天使的看法。（大屏幕出示：①香烟在燃烧时，释放出二三十种有害物质，不但害己而且还害人，吸烟等于慢性自杀。②酒精极易损害神经系统，使脑细胞受到损伤并直接危害身体健康）

3. 巩固提问

通过这节课的学习，你们知道吸烟、喝酒有什么危害了吗？谁能说给大家听一听？那么你该怎么做呢？

4. 课堂小结

我们一定要养成良好的生活习惯，远离烟酒，才能有一个健康的身体。①

【简要评析】

教师通过一系列的图片以及辩论的形式引出本节课的教育重点很富有新意。尤其是辩论的环节在整个教学设计中作用凸显，能够很好地引

---

①百度文库[EB/OL]. wenku.baidu.com/link?url=leLjDeu50CkxB7bKFPbjd-09R8ZZ8VsBYhJdSrYYqIn2z7TOSulopaEW998GvIAQ6JldLcPTBenO-MdtFOvwOIxyLSSGfr84xyuami-vdye.

导学生对本节课的认识。通过创设情境，让同学们亲自感悟、收集相关的资料，突出体现了“以学生发展为本”的教育理念，使学生对教学内容有更深层次的认识和理解。本节教学设计的教学目标主要是使学生懂得吸烟、喝酒危害严重，让他们从小就应杜绝烟酒以及培养学生良好的生活习惯，珍爱生命。教师通过提问等方式以达到教学目标，课堂结构清晰，能够保证课堂效率的提高。同时，教师可以在知识渗透方面加深一下，使学生认识到吸烟、酗酒对身体危害导致的严重后果，以使学生有更为深刻的印象。

【例2】

不和烟酒交朋友

（一）教学目标

(1) 了解预防吸烟、酗酒的方法，懂得吸烟、喝酒的危害，并知道学生存在哪些吸烟、喝酒的心理误区，学会防治。

(2) 以问卷、小品的方式引入主题。通过调查学生自己周围人的吸烟、酗酒状况和对有关资料的学习，了解我国面临着“烟民”“酒民”人数众多、危害大的问题。

(3) 树立学生正确的价值观，养成健康的生活习惯，并学会用自己的实际行动宣传不和烟酒交朋友。

（二）教学内容

通过问卷、小品等形式展开本节课。让学生了解吸烟、酗酒的危害以及如何预防吸烟、酗酒的方法，珍爱生命，远离烟酒。课前还需要教师准备调查问卷，调查学生周围人的吸烟、酗酒状况。收集一些有关吸烟、酗酒引发危害的案例文字资料、图片资料和视频资料，制作内容丰富、生动形象的课件以辅助课堂教学。

（三）教学课时

1课时

（四）教学过程

1. 导入

朋友是我们站在窗前欣赏冬日飘零的雪花时手中捧着的一盏热茶；朋

友是我们走在夏日大雨滂沱中时手里撑着的一把雨伞。在这个世界上的人不可以没有父母，同样也不可以没有朋友，可是有些人却选错了朋友，他们选择了和烟酒交朋友。

我们一起来看看，都有哪些人与烟酒交朋友了？

调查表

(1) 将学生课前调查材料的整理结果进行展示。

统计：被调查对象的年龄段：小学生（ ）人；初中生（ ）人；成年人（ ）人。每天吸烟支数：1~10 支（ ）人；11~20 支（ ）人；21~40 支（ ）人；41 支以上（ ）人。每天喝酒次数：1 次（ ）人；2 次（ ）人；3 次（ ）人；4 次以上（ ）人。患病情况：何种疾病：（ ）（ ）（ ）。

结论与启示：（由学生们自己填写）

(2) 分小组讨论结论与启示。

(3) 每个小组在白纸上写出本组学生的主要观点和理由。

(4) 交流各个小组的观点。①

2. 教授新内容

本节课主要通过表演模仿的方式向学生们展示吸烟、酗酒的危害。

(1) 结合资料及课前调查情况讨论“烟酒危害知多少”。

(2) 模仿表演。

由一组学生扮演走进吸烟、酗酒误区的学生，另一组同学扮演心理医生。

你们应该都很清楚吸烟、酗酒是不良行为，有害健康，况且学校对抽烟者的处理也比较严厉，但吸烟、喝酒的行为为何在有些学生心中那么神圣呢？下面我们有请心理学家为大家把把脉吧。

【病因一】小学生年龄还偏小，分辨是非的能力较弱，机械模仿性强，自制力差，经受不住新鲜事物的诱惑。他们可能觉得家长、老师喝酒的动作很潇洒，于是刻意去模仿成年人喝酒时表现出的悠然自得、其乐无穷的“酷”态，他们甚至认为这样做体现了“成熟美”，于是在不知不觉中加

①五年级下册安全教案[EB/OL]. http://wenku.baidu.com/link?url=OdfnV0SK7mUfvIk0hX_VfGaDwmlqXX-yTA9ohAl9pwmj9_3IoJBFJmf87T6FqhYYdttKcZUmUwm1vdVweJiBvSkXpNYN9NNVqHOWC_X3gR3.

入了酒民行列。

【病因二】有的学生本来不吸烟，但看到同学和朋友吸烟而自己不抽，生怕不合群，甚至有低人一等的感觉。于是你传我一支，我敬你一支，在这种“礼尚往来”中，不知不觉成了“战友”烟民。进而又嫌香烟档次太低，认为抽高档烟才能体现“身份”才够“派”。于是在这种虚荣心的驱使下，成了“高级”烟民。这样一来，吸烟不仅危及健康，而且也成了一笔高额的开销。

【病因三】老师和家长三令五申不准吸烟、喝酒，一些学生便产生了逆反心理，反其道而行之，想体验一下吸烟的感觉，并借吸烟来表示对家庭和学校的反抗。他们觉得这种逆反行为有冒险性、刺激性，是潇洒的行为、勇敢的表现，于是出现了“越禁越抽”的怪现象。

抽烟、喝酒的同学们，看看你属于哪一种?

3. 讨论问答

同学们，你知道怎样帮别人戒烟、戒酒吗?

比一比：看谁知道的方法多?

说一说：你有帮助别人戒烟、戒酒的经历吗？你是怎样做的?

4. 拓展提升

戒烟的益处：仅仅戒烟一天，戒烟给心脏、血压和血液系统带来的益处便会显现出来。戒烟 1 年，冠心病的超额危险性比继续吸烟者下降 1/2。戒烟 5~15 年后，中风的危险性降到从不吸烟者的水平。戒烟 10 年，患肺癌的危险性比继续吸烟者降低 1/2。患口腔癌、喉癌、食管癌、膀胱癌、肾癌、胰腺癌的危险性降低，患胃溃疡的危险性降低。戒烟 15 年，患冠心病的危险性与从不吸烟者相似。死亡的总体危险度恢复到从不吸烟者的水平。因此，任何时间戒烟都不算迟，而且最好在出现严重健康损害之前戒烟。

5. 巩固提问

通过对本节课的学习，同学们对烟酒也有了一定的了解，如果我们身边有吸烟、酗酒的人，我们应该怎么做呢？是效仿还是劝说呢?

6. 课堂小结

我们一定要养成健康的生活习惯，远离烟酒，保护健康。

【简要评析】

通过调查问卷的形式引入教学很有创新意识，同时小品的安排布置也更加贴近学生的生活，吸引学生的兴趣，能够更加贴合本节课的教学任务。教学设计的教学目标主要是让学生们懂得吸烟、喝酒的危害，并知道学生存在哪些吸烟、喝酒的心理误区，学会防治，以及了解预防吸烟酗酒的方法，并学会用自己的实际行动宣传不和烟酒交朋友。教师通过从调查问卷、小品、讨论问答几个方面入手，以完成教学目标，可谓方法得当，具有很强的感染力，能够激发学生的学习兴趣。同时，恰当教学方法的使用能够启迪学生的思维，而理论性的知识提升也恰到好处，不枯燥，在问卷及小品的帮助下，能够使学生更加了解本节课的教学重点及目标。

三、教学素材

（一）相关案例

在海口市某中学读书的郑某与杜某，商量着买烟，但又没钱，两人便决定去学生宿舍找同学强行索要。郑某用衬衣蒙住脸，杜某则戴一顶旅游帽，窜入同年级某班宿舍，将门撞开后，向室内的学生索要钱物，并叫道谁不给就打死谁，并用扫把猛打床板恐吓学生。两人同时动手搜梁某等 4 人的口袋。抢得几元钱后，两人到校外买了一瓶矿泉水，并买了几支烟抽后，又回去窜到另一个宿舍，采取同样的方式向学生们“要”钱，当时一个学生口袋里只有几元钱，他央求两人给他留一元钱第二天吃早餐，两人丢给这名学生一元钱后扬长而去。当晚，两人共抢得现金 31.5 元，均被两人用来抽烟、喝酒。两人自以为找到了“快速发财”的捷径，仅隔一天，两人再次闯入学生宿舍准备抢劫时，被在宿舍附近蹲守的校保卫人员和民警现场抓获。[①]

子豪本是一个各方面很优秀的学生。有一天，他发现同班的几个男生躲在厕所里抽烟。几个男生还说吸烟的感觉很酷，很有男子汉气概，并把

①为吸烟喝酒夜抢同学钱财[EB/OL].http://wenda.so.com/q/1366012766062892.html.

一支烟递给他试试。子豪好奇地接过了烟。第一口他就被呛得咳嗽不止，那几个男生嘲笑他。子豪觉得很没面子，当天中午就买了一包烟，决定学会抽烟，没想到从此上了瘾。子豪的父母都是下岗工人，家里经济不宽裕。为了在同学面前不丢面子，子豪开始伙同他人偷自行车等，用这些赃物换来的钱买高档烟。终于有一次，他在偷别人手机时被便衣警察抓住，送进了少管所。①

小强活泼开朗，在班上很受欢迎。生日那天，小强请了一些要好的同学，拿着父母给的钱去酒店举行生日宴会。大家兴致高涨，小张就要了两瓶白酒助兴。酒过三巡，大家都有了几分醉意，小强和一位同学打赌，夸口说他能喝下半瓶白酒。在大家的掌声中，小强操起酒瓶，咕咚咕咚喝了起来。几分钟后，他就倒在地上人事不省，幸亏送医院抢救及时，才脱离生命危险。②

（二）相关标志

1. 禁止吸烟标志

吸烟是从哥伦布发现新大陆之后，至今有几百年历史。吸烟的危害极大。

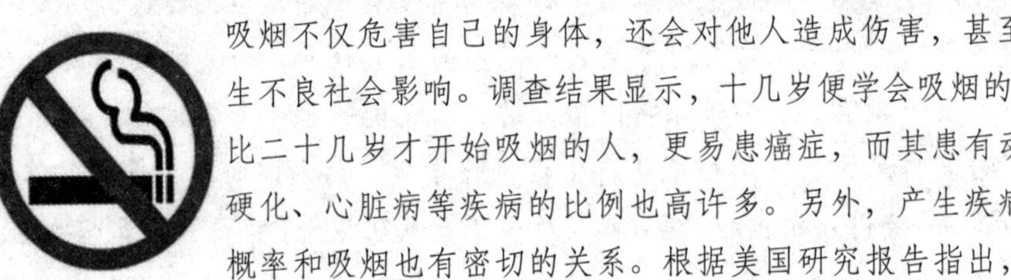

吸烟不仅危害自己的身体，还会对他人造成伤害，甚至产生不良社会影响。调查结果显示，十几岁便学会吸烟的人，比二十几岁才开始吸烟的人，更易患癌症，而其患有动脉硬化、心脏病等疾病的比例也高许多。另外，产生疾病的概率和吸烟也有密切的关系。根据美国研究报告指出，在心肌梗死和冠状动脉硬化的死亡率上，吸烟的人要比不吸烟的人比例高。

2. 禁止饮酒标志

饮酒，超出适量饮酒或一般社交性饮酒的标准：重度饮酒往往根据超出一定的日饮酒量（如每天 3 标准杯）或每次饮酒量（如一次 5 标准杯，每周至少一次）加以确定。

酗酒涵盖了“酒精滥用”及“酒精依赖”。一般而言，如果一个人过度使用酒精而无法自我节制，导致认知上、

①②宁可.吸烟喝酒害处多[J].小学生导刊(高年级)，2004.

行为上、身体上、社会功能或人际关系上的障碍或损伤，且明知故犯，无法克制，就达到“酒精滥用”的程度。若进一步恶化，把饮酒看成比任何其他事都重要，必须花许多时间或精力去喝酒或戒酒，或必须喝酒才感到舒服（心理依赖），或必须增加酒精摄取才能达到预期效果（耐受性），或产生酒精戒断综合征，达到“酒精依赖”的程度。

四、知识链接

（一）有关禁止向未成年人出售烟酒的相关法律

《未成年人保护法》第37条规定，禁止向未成年人出售烟酒，经营者应当在显著位置设置不向未成年人出售烟酒的标志；对难以判明是否已成年的，应当要求其出示身份证件。

《预防未成年人犯罪法》规定，任何经营场所不得向未成年人出售烟酒。

（二）小学生吸烟、酗酒害处多

1. 小学生吸烟的害处

中小学生“日常行为规范”中明确要求在校学生不得吸烟，同学们应自觉遵守。吸烟只是一种习惯，对人体有害无益。研究表明，吸烟时烟雾中有许多有害成分，对人体的呼吸道、心血管、神经系统、消化系统等都有不同程度的伤害。对于小学生来说，吸烟的危害性更大。

（1）烟草在燃烧时会产生烟焦油，含有致癌物质，能诱发各种癌症。

（2）烟草中的尼古丁是一种剧毒物质，对人的中枢神经有麻痹作用。长期吸烟，会引起心血管疾病。

（3）吸烟不仅害己，还会污染环境，给他人带来更严重的危害。

（4）吸烟者的死亡率比不吸烟者高70%，寿命也明显缩短。

2. 小学生为什么不宜饮酒

有些学生受家庭和社会影响，学会了喝酒，有的甚至养成了喝酒的习惯，这是有害无益的。

（1）小学生正处于生长期，身体各个器官还很娇嫩，尤其是消化系统。

因此，不能过多地承受刺激性物质。酒具有刺激性，所含的酒精对肝脏、胃等的伤害更大。

（2）喝酒会降低人的免疫力，酒后毛细血管扩张，散热增强，抵抗力下降，容易患感冒、肺炎等疾病。

（3）饮酒过量会伤脑，使学生记忆力下降，影响学习，严重的还会使智力下降。

（4）据报道，小学生饮酒还会对身体的发育带来不良后果。

第三课 青春期到要珍惜

一、教学内容

（一）青春期的主要特征

青春期是指以生殖器官发育成熟、第二性征发育为标志的初次有繁殖能力的时期，人类及高等灵长类以雌性第一次月经出现，雄性第一次遗精出现为标志。

青春期是由儿童逐渐发育成为成年人的过渡时期，是人体迅速生长发育的关键时期，也是继婴儿期后，人生第二个生长发育的高峰。

研究表明，在人的一生中，身体生长迅速、身体各部分的比例产生显著变化的阶段有两个：一个阶段是在产前期与出生后的最初半年，另一个阶段则是青春期。青春期的快速生长发育，被称为青春期急速成长现象。事实上，这种现象开始于性成熟之前或与性成熟同时开始，终止于性成熟后的半年到一年。男性的急速成长从 10.5~14.5 岁开始，在 14.5~15.5 岁左右达到顶峰期，以后逐渐减慢，到 18 岁左右时身高便达到充分发育水平，体重、肌肉力量、肩宽、骨盆宽等也都得到增加，与此同时性功能和第二性征也发育成熟。如女性在月经及第二性特征这些外部变化的同时生殖器官也逐渐成熟，外阴开始出现了阴毛，阴道内分泌物开始增多，子宫发育变大，卵巢皮质中的卵泡开始有了不同阶段的发育变化。一切都表明已开始向性成熟期过渡。由于身体及性的发育，对少年的心理特征及社会生活产生了重大影响，由此也产生了一系列的心理卫生问题。①

①青春期学习方法[EB/OL].http://www.sanqin.com/.

1. 男性特征

大约 12 岁，男性睾丸和阴囊开始增大，阴囊变红，皮肤质地改变。12~13 岁时，阴茎变长，但是周径增大的速度较小，睾丸和阴囊仍在继续生长，出现阴毛，前列腺开始活动。14~15 岁，阴囊和阴茎开始继续增大，阴茎头根充分发育，阴囊颜色较深，睾丸发育成熟，出现梦遗。

2. 女性特征

由于卵巢比睾丸发育早，所以女孩的身体发育要比男孩早 1~2 年，女孩青春期起讫时间大约各为 9~12 岁及 18~20 岁。

女孩子青春期身体变化主要体现在：身高、体重迅速增长；身体各脏器功能趋向成熟，神经系统的结构已接近成年人，思维活跃，对事物的反应能力提高，分析问题能力和记忆力增强；内分泌系统发育成熟，肾上腺开始分泌雌性激素刺激毛发生长，出现阴毛、腋毛。生殖系统、下丘脑、垂体、卵巢轴系统发育成熟，卵巢开始分泌雌激素、孕激素及少量雄激素，刺激机体内，阴道开始分泌液体、外生殖器官发育，出现第二性征，如乳房隆起、皮下脂肪丰满、骨盆宽大、嗓音细高等，月经来潮是青春期最显著的标志。①

（二）阶段划分

对青春期的阶段距今并没有统一的分期标准，有部分学者将其分为：

青春期早期：第二性征开始出现至女孩出现月经初潮，男孩出现首次遗精为止，表现是体格生长突增，年龄为 9~13 岁。

青春期中期：以性器官及第二性征发育为主，以女孩出现月经初潮、男孩出现首次遗精为该时期的开始，以第二性征发育成熟为止。年龄为 13~16 岁。

青春期晚期：自第二性征发育成熟至生殖功能完全成熟、身高增长停止，女孩在这个阶段开始出现周期性月经，年龄为 16~18 岁。

性成熟：指心理或生理上已经具有成年人拥有的特征。

性早熟：如果孩子因为遗传（包含性激素等内分泌失调）、生活环境（经济、家庭、同学压力、教育或摄入过多环境激素）等可能原因，在心理、

---

①青春期女生[EB/OL].http://jingyan.baidu.com/article/624e7459916fd134e8ba5af7.html.

生理或是两者层面上较一般孩子成熟，甚至可能使青春期提早结束。生理变化主要在青春期早期的表现形式是身高明显增长，这种现象一般女孩发生在 11~13 岁，而男孩一般在 13~15 岁。一般男孩比女孩发育更迟，发育速度更快。青春期的生理发育影响到骨骼和肌肉的所有方面，甚至包括眼睛，大多数人都是这一时期出现近视。

（三）生长发育

正常女孩一般在 9~11 岁进入青春期，青春期的最早征兆是卵巢的增大（不做 B 超难以及时发现，因而常常以乳房出现发育为标志），之后是雌性激素的增加，出现第二性征和生长加速。女孩整个青春期时间平均约为 4.7 年，身高增长共约 20~25 厘米，其中青春期中期约一年多，此期也为快速生长期，年生长速率接近 10 厘米。初潮出现后，生长速率锐减，继续生长共 4~8 厘米。女孩初潮两年以上，一般再无长高可能。部分正常女孩没有明显的快速生长期（由于快速生长期常常也是骨龄快速增长期，因而，没有快速生长期也不一定是坏事。如果有快速生长期，1 年长高 10 厘米，而骨龄增长两岁，并不比 1 年长高 6 厘米，骨龄只长 1 岁更好）。

正常男孩 10~13 岁进入青春期，青春期的最早征兆是睾丸的增大，之后是雄性激素的增多，出现第二性征和生长加速；男孩整个青春期时间平均为 4.9 年，身高增长共约 25~30 厘米，其中，青春期中期约 1.5 年，此期为快速生长期，年生长速率可超过 10 厘米，之后生长速率锐减，直至完全停止生长。

（四）体态变化

年龄 / 岁	女孩	男孩
8~9	身高开始突增	
10~11	乳房开始发育、身高突增高峰，出现阴毛	身高开始突增，阴茎、睾丸开始增大
12	乳房继续增大	身高突增高峰，开始变声，出现喉结
13	月经初潮出现，出现腋毛	出现阴毛，阴茎、睾丸继续增大
14	乳房显著增大	变声，出现腋毛
15	脂肪积累增多，丰满，臀部变圆	首次遗精，出现胡须
16	月经规则	阴茎、睾丸已经达到成人大小
17	骨骼愈合，生长基本停止	体毛接近成人水平
18		骨骼愈合，生长基本停止

二、教学设计

【例1】

认识你身体的小秘密

（一）教学目标

(1) 让学生认识自己的身体，了解自己身体产生的变化。

(2) 引导学生正确地认识身体变化，规避一些有害学生心理健康的影响。

(3) 教会学生要爱惜自己的身体，避免家长以外的异性触碰自己身体的敏感位置。

（二）教学内容

当孩子到了一定的年龄，他们便对自己的身体充满了好奇，同时也对别人的身体充满了探究的欲望。这时要让孩子对自己的身体有一个正确的认识，同时也让孩子了解身体发育的知识，正确对待自己身体发生的变化。

（三）教学课时

1课时

（四）教学过程

1. 导入新课

当孩子到了一定的年龄，他们便对自己的身体充满了好奇，同时也对别人的身体充满了探究的欲望。到了青春期，由于性别不同，身体的变化也更大了，孩子们的这种探究的欲望就更强烈了。但是，由于父母并不一定都能给孩子正确的解答，而孩子又迫切地想了解，于是，孩子们之间的互相交流就尤为重要，生活环境不同的孩子的信息来源渠道也是各异，如果这时候不给予正确的引导，有些错误的信息会直接影响孩子们的心理健康。

2. 课程内容

(1) 为了让孩子们对自己的身体有一个正确的认识，分别给男女生讲解他们身体的“小秘密”。如男孩子大约12岁，男性睾丸和阴囊开始增大，阴囊变红，皮肤质地改变。女孩子，身高、体重迅速增长；身体各脏器功能趋向成熟，神经系统的结构已接近成年人，出现阴毛、腋毛。乳房隆起、皮下脂肪丰满、骨盆宽大、嗓音细高等，月经来潮等。

(2) 让孩子们了解自己的身体发育知识，以及什么叫青春期，青春期身体会有哪些变化，该如何认识这些变化。

3. 总结

由于年龄和环境的影响，每个人的青春期来临的时间并不一致，所以我们无须为此太过担心，顺其自然就好了。课后，在图书角为学生准备几本有关青春期生理教育的书，让学生自觉阅读，使他们对自己身体即将出现和已经出现的变化有一些心理准备，至少不会大惊小怪、惶恐不安了。

另外，还要教给学生们如何避免在身体发育过程中的一些不良做法。如告诉女孩子不要以乳房的发育隆起为“羞耻”，不要束胸束腰；不要怕身体发胖而缩食减肥；不要过早地穿过高的高跟鞋，告诉学生，面部出现“痤疮”也是青春期发育中的正常生理现象，应注意皮肤的清洁，不要用油脂化妆品，避免挤压，防止继发性感染。

【简要评析】

本节教学设计以让学生了解自己身体的变化、正确认识青春期为教学目标，以青春期青少年身体变化为教育内容。其中，本教学设计中对于讲解身体变化的环节过于简单，但也是本课最难、最有挑战的内容。教师在教育过程要根据班级学生特点进行有针对地、有差别地讲解，要采用学生能够接受的方式。相信学生们在学习本课后一定能对自己的身体变化有一个正确的认识，能自尊、自爱，自觉规避一些有害身心健康的影响。

【例 2】

喜欢你，欣赏你

进入青春期的孩子，对异性的关注程度有所增加，心里的小秘密多了很多。这是一种青春期正常的心理表现，他们所说的喜欢其实应该是一种互相欣赏。如果用心观察，会发现孩子们是以学习好坏或某一方面的特长来分帮分派的。可是，无论是家长还是老师，对于孩子们的这种异常举动，常常都是抱着要把“星星之火灭在萌芽状态”的心理。因此而采取的一些举动，又往往容易招致孩子的逆反心理，往往事与愿违，收不到良好的教育效果。

（一）教学目标

（1）让孩子们对自己的情感有一个更加正确的认识。

（2）通过讲故事的方式，让同学们认识到男女生们之间正常的交往，对他们的成长是有利的，这是一种健康的心理状态。

（3）教会学生学会控制自己的情感情绪。

（二）教学内容

青春期是青少年身体发育的时期，也是青少年情感萌动的时期，这个时期如不对青少年学生的情感加以正确的引导，就可能使他们陷入情感的误区。本课程的主要内容是通过故事的讲解导入课程，使学生正确认识“喜欢”与“欣赏”。

（三）教学课时

1 课时

（四）教学过程

1. 导入课程

教师先表明自己很欣赏班级里的一个同学，因为他（她）很细心，总是能发现班级里一些不好的现象，为班级更好地发展做出了贡献。接着问某一个同学：你最欣赏谁？当同学回答完后再接着问其他同学，他欣赏哪个人，为什么。慢慢引导他们，告诉同学们他们所说的“喜欢”谁就是“欣赏”谁的意思。

2. 课程内容

（1）“喜欢”和“爱”是不同的。给同学讲牛郎织女或罗密欧与朱丽叶的故事，告诉孩子们，这样的感情才叫作“爱情”，与我们平时所说的喜欢也不一样。告诉孩子们，“喜欢”是一种很平常的情感，就像买一件衣服一件物品一样，今天很喜欢，或许明天就不喜欢了，让孩子们正确认识自己的情感。

（2）喜欢你，欣赏你。美丽的花朵人人爱，当同学们发现自己被班上某个漂亮的女孩子或帅气的男孩子吸引时，不要困惑，这是正常现象。我们要清楚如何处理，告诉同学们要坦然面对，不要太过在意，要正常地交往。

教师在此处可借助一些有启发性的小故事，来引导学生，比如《最大的麦穗》。

最大的麦穗讲的是，古希腊有一位大学者，名叫苏格拉底。一天，他带领几个弟子来到一块麦地边。那正是收获的季节，地里满是沉甸甸的麦穗。苏格拉底对弟子们说：“你们去麦地里摘一个最大的麦穗，只许进不许退，我在麦地的尽头等你们。”

弟子们听懂了老师的要求后，就走进了麦地。

地里到处都是大麦穗，哪一个才是最大的呢？弟子们埋头向前走。看看这一株，摇了摇头；看看那一株，又摇了摇头。他们总认为最大的那一穗还在前面呢。虽然，弟子们也试着摘了几穗，但并不满意，便随手扔掉了。他们总以为机会还很多，完全没有必要过早地定夺。

弟子们一边低着头往前走，一边用心地挑挑拣拣，经过了很长一段时间。

突然，大家听到了苏格拉底苍老的如同洪钟一般的声音：“你们已经到头了。”这时，两手空空的弟子们才如梦初醒，他们回头望了望麦垄，无数株小麦摇晃着脑袋，似乎为他们惋惜。

苏格拉底对弟子们说：“这块麦地里肯定有一穗是最大的，但你们未必能碰见它；即使碰见了，也未必能做出准确的判断。因此最大的一穗就是你们刚刚摘下的。”

苏格拉底的弟子们听了老师的话，悟出了这样一个道理：人的一生仿佛也在麦地中行走，也在寻找最大的一穗。有的人见到了颗粒饱满的“麦穗”，就不失时机地摘下它；有的人则东张西望，一再地错失良机。当然，追求应该是最大的，但把眼前的一穗拿在手中，这才是实实在在的。

3. 总结

青春期的孩子，敏感而又幼稚，他们的语言和行为都是从他们所处的角度说出来的，而在我们大人看来，却是从成年人的角度去看的，所以容易引起一些认识上的偏差，用成人的道德标准去判断孩子们青春期的行为，显然是不利于他们健康成长的。对于处在青春期的孩子，要给予他们正确的教育和引导，羞羞答答、遮遮掩掩反而增添了他们的好奇心和神秘感，如果能让孩子明白自己身体的秘密，了解一些必要的自护方法，拥有健康良好的心理状态，那么，孩子们的成长会更加顺利一些。

【简要评析】

正处青春期的孩子们心理敏感，容易对异性产生好感，本教学设计以“喜欢你、欣赏你”为题，采用开放的方式让同学们表达自己对同学的欣赏之情，在一定程度上减轻了同学们对早恋的好奇心。本教学设计摒弃了说教、阻拦的教育方式，以故事启发引导学生的情感，减少了学生的抵触情绪，更易于学生接受。教师在教学过程中可多增加一些有启发的故事，以此加强学生对青春期情感的正确认识。

三、教学素材

相关案例

本溪满族自治县草河城镇关口村的小伟今年12岁，上小学五年级。就在今年的5月21日，他从学校教学楼的二楼跳下，导致两个脚后跟骨粉碎性骨折，腰椎第三节有高密度影，第十二节压迫性骨折。医生告诉小伟的妈妈说：“小伟现在腰有点变形，以后走路脚会使不上劲，很可能落下残疾。”

小伟究竟为何要跳楼？躺在病床上的小伟讲述了跳楼的原因和经过。

小伟说，他和班级另外一个男同学同时喜欢上了班上的一个女同学。“是他先喜欢那个女同学的，我后喜欢的，当他知道我也喜欢她的时候，我就感觉他有点恨我了。于是，我们就决定比试。”小伟告诉记者。

小伟告诉记者，他和那个男同学，最开始比摔跤，结果自己输了。小伟不甘心，于是心生一念，就给那个男同学传了张字条，下了“战书”，要跟那位男同学比比谁对女孩更忠心，想跟他比跳楼。于是两个人晚自习结束后，来到教学楼二楼，两个人一人坐一个窗台，约定好一起跳，结果小伟跳下去了，那个男同学却没有跳。①

①喜欢同一女生俩12岁男孩比跳楼[EB/OL].http://www.syd.com.cn.

小孩子从哪里来的？女孩子跟男孩子有什么不一样？为什么邻居家长满青春痘、整天上蹿下跳地男孩一看到漂亮女孩就会低头搓着双手……众多让家长感觉“羞答答难以启齿的问题”。在杭州浙江省科技馆首次推出的“青春期性教育展览”上得到科学解答。据介绍，为了科学地引导青少年树立正确的性道德观念，解决他们对性与生殖健康问题的困惑，不断满足他们对性与生殖健康宣传教育和服务的需求，省计生委、科协等单位联合举办青春期性教育展览，并免费对大家开放。这次展览除图片外，还有仿真子宫中的胎儿以及电子展览设备等。[①]

四、知识链接

（一）小学高年级性教育常识

这个时期，孩子们对性的朦胧使他们对性充满神秘色彩，十分好奇，乐于探索；性经验的缺乏又往往使学生们微弱的警惕与防备失去作用，在坏人的威吓和不良“伙伴”的蛊惑下容易误入歧途。所以要防止有关性方面的不良刺激来激发他们，如手淫、黄色小说和照片等，强烈的性冲动有时可以使他们完全退回到生物性本能方面去。据北京市某工读学校对犯有两性关系错误的100多名男女少年调查，始发年龄可以早到八九岁，但高峰年龄是在十三四岁。出于“好奇心”的男性占31.7%，女性占16%；出于“生理冲动”的男性占63%，女性占28%。由此可见，此期的性冲动失去理智和道德以后是多么危险。

另外，防止对男女儿童的性虐待也是十分重要的性教育内容。从我国一些刑事犯罪的资料看，对男女儿童的强奸、乱伦、鸡奸时有出现，但是由于性道德观念的束缚，许多家长不愿让别人知道自己的孩子受过性虐待，所以具体统计数字尚不得而知。国外一项有关女童与成人接触的调查报告表明，在所有有过性接触的女孩中，50%看到过男性成人的性器官，31%受到爱抚而无性器官接触，22%其性器官受到玩弄，3%是男性老年性

①杭州首次推出“青春期性教育展览”[EB/OL].www.photobase.cn.

犯罪者，由于他们的身体比较衰老，故选择的性发泄对象一般是没有抵抗力的儿童。另一种酗酒者，这类人平时性犯罪的动机不高，一旦醉酒后，自我束缚的能力降低，而最易满足他们性发泄的对象就是儿童。还有一种是正发育中的青少年，各种原因使他们中的某些人产生强烈的性冲动，而儿童又是最无抵抗能力的对象。此外，在个别家庭中，可能出现乱伦的现象，尤其是对继女。要教给他们学会自我保护，包括怎样识别坏人，怎样逃避坏人的追踪，怎样反抗以及运用法律等。总之，学龄期儿童的性教育任务远比学龄前的性教育更重要、更复杂。

（二）国外性教育现状

近年来，国际上通常采用的青春期性教育方法和比较成功的模式主要包括：欧洲瑞典、荷兰的早期学校性教育，源于澳大利亚并流行于美英等国的“同伴教育”以及联合国艾滋病规划署倡导的“ABC 性教育活动”（A. 避免婚前性行为；B. 对配偶或一个性伴侣保持忠贞、不搞性乱；C. 正确使用安全套）等。

瑞典是世界上最早开设性教育课程的国家之一，从 1942 年开始对 7 岁以上的少年儿童进行性教育，教师采用启发式、参与式和游戏式的教学方法，内容是在小学传授妊娠与生育知识，中学讲授生理与身体功能知识，到大学则把重点放在恋爱、避孕与人际关系处理上。1966 年，瑞典又尝试通过电视实施性教育，打破了家长难以启齿谈“性”的局面。多年来，瑞典的性教育和咨询活动成效显著，在 1991—1996 年的 5 年间，15~19 岁青年的艾滋病感染率下降了 32.4%，淋病和梅毒的感染率也分别下降了 65.8% 和 55.9%。

荷兰的儿童从 6 岁就开始接受性教育。尽管荷兰规定 12 岁以上的青少年可以合法地发生性行为，但在欧洲国家中，荷兰青少年未婚怀孕的比率是最低的，青少年第一次发生性行为的平均年龄也晚于英国。专家们认为，对青少年甚至儿童开展早期性教育，不仅不会导致性乱，相反可以帮助青少年对性有正确的认识。

在英美等国家较为流行的“同伴教育”，是利用朋辈间的影响力，通过发展青少年的自我教育和自助群体，抵御来自社会的消极影响。这一方式改变了青春期性教育中传统教育者（老师、家长）与受教育者之间的沟通障碍。由于教育的双方都是青少年，具有更多的共同语言，便于交流。“同伴教育”以生物学、社会学和心理学知识的基础，讲课、讨论、游戏、讲故事、知识竞赛等多种形式，并配合多种传播载体和实物模型，既生动又有效。目前，这一方法已引入我国和亚洲、南美的其他一些国家。①

（三）相关法条

为防范在校中小学生在青春期期间身心受侵害，家长和教师要加强培养学生们的法律意识，让同学们用法律武器武装和保护自己。在受到伤害时要向法律求助。为此学习《中华人民共和国未成年人保护法》就显得尤为重要。

《中华人民共和国未成年人保护法》第十三条：学校应当全面贯彻国家的教育方针，对未成年学生进行德育、智育、体育、美育、劳动教育以及社会生活指导和青春期教育。

第二十五条 严禁任何组织和个人向未成年人出售、出租或者以其他方式传播淫秽、暴力、凶杀、恐怖等毒害未成年人的图书、报刊、音像制品。

第四十一条 禁止拐卖、绑架、虐待未成年人，禁止对未成年人实施性侵害。

禁止胁迫、诱骗、利用未成年人乞讨或者组织未成年人进行有害其身心健康的表演等活动。

①杨朴宇.国外性教育面面观[J].中国健康月刊，2003（07）.

预防和应对意外伤害类事故

内容提要

意外事故的发生给无数家庭带来灾难，已经引起了社会各界、学校、家长的高度重视。意外伤害对儿童身心发育造成巨大的伤害，给社会和家人带来巨大的损失。它会造成心理障碍，如压抑、怨恨、责备、紧张、犯罪感等。这些伤害都会影响儿童的健康成长。小学高年级的学生，在经历小学低年级的懵懂之后，需要了解的意外伤害事故知识越来越多。小学高年级的学生在理解方面已经具备一定的能力，以下三课围绕运动伤害、踩踏事件、业余活动三方面对学生意外伤害事故进行一一讲解。

第一课 运动伤害要注意

一、教学内容

学校运动伤害事故，是指在学校组织的各种校内外体育活动，体育竞赛、课余体育训练和体育课教学中造成在校学生人身伤害或者死亡，以及对他人造成人身伤害或者死亡的事故。运动伤害可以分为人身伤害和精神伤害。人身伤害是指直接对身体造成有损害后果的创伤，造成的后果有明显征兆，或通过普通医学手段的身体检查能够做出鉴定，对造成的原因能够做出准确判断。而精神伤害则是指给被害人造成的思想、情绪、精神痛苦而引发的被伤害人的精神疾病。所以，学校运动伤害一般是指人身伤害。

由于体育运动总是在不停地超越自我，处于对抗、竞争中，经常发生大量的身体接触，难免会发生小到皮肤擦伤、韧带拉伤，大到在运动中致伤残或突然死亡的事故，而且学校运动伤害具有潜隐性、多样性等特点，在小学高年级学生的日常体育活动中很难及时预防。而且随着运动项目的多样化，在运动中造成的伤害事故也在不断地扩大。

（一）运动伤害事故的分类①

目前学校运动伤害事故有多种分类方法，由于划分依据不同，分类结果也就存在很大的差异性。

（1）从学校运动伤害事故发生的伤害程度来划分，可分为：轻微运动伤害事故、中等学校运动伤害事故和严重学校运动伤害事故。

（2）按学校体育组织形式，可分为体育课事故、课外体育活动事故、体育竞赛事故和课余体育训练事故。

---

①王人卫．学校体育伤害事故的风险研究[D]．上海体育学院，2013．

（3）根据学校事故发生原因的不同，分为意外事故和过错事故。

（4）从事故的表现形式来看，可以分为游戏型伤害事故、恶作剧型伤害事故、失职型伤害事故和突发型伤害事故。

（5）还可将事故分为混合型事故、学校责任事故、教师责任事故，等等。

（二）学校运动伤害事故的学生原因分析

学生责任事故是由学生本人、其他学生过错造成的事故。学生事故主要分为他伤事故和自伤事故，他伤事故又可分为故意他伤和非故意他伤。如在足球比赛中，由于双方身体对抗激烈，往往会造成运动员情绪激动，因而会做出一些过激行为，然而在比赛前教师已经强调了安全参赛事项，这里教师是没有过错的，此为故意他伤。非故意他伤，是指在同场比赛中，运动员在无意间给对方造成的伤害。有些事故是由于受伤害者自身所造成的，主要表现为：

（1）不遵守课堂纪律，不听从教师的指挥。

（2）身体素质太差或存有生理缺陷而未通知教师，不能适应正常体育教学。

（3）技术运动不正确或未按教学要求从事超出自己运动水平的练习。

（三）运动伤害事故的学生责任事故预防措施

1. 增强学生运动伤害事故的防范意识

一定要让所有的学生都认识到，在大部分体育活动中，都有伤害风险的存在，从思想源头上进行预防，提高安全意识，提醒学生不能麻痹大意。

2. 明确“患有特异体质疾病学生禁止参加体育活动”的严重性

在开学初，让有疾病的学生进行登记，对这部分学生进行体育康复的锻炼或遵照医嘱，轻微锻炼或不锻炼。

3. 开展校规校纪教育，增强学生的纪律观念

不管是平时的课间活动，还是上体育课，都要遵守纪律，听从教师的指挥，不能擅自行动。

4. 加强心理健康教育

心理健康教育是学生身体健康的保障，学校开设的心理健康教育课学

生一定要认真对待。

二、教学设计

【例 1】

运动损伤的预防与处理[1]

（一）教学目标

（1）了解运动损伤的概念及发生的原因，掌握安全的锻炼方法才能预防运动损伤。

（2）了解运动伤害带来的危害，在学习过程中重点掌握。

（3）了解运动伤害出现的原因，避免运动伤害的出现，在情感态度和价值观上理解要避免运动伤害。

（二）课时安排

1 课时

（三）教学准备

（1）请学生事先分组搜集有关“运动伤害”的资料。

（2）教师事先搜集有关“运动伤害”的图片及教学资料。

（四）教学过程

1. 故事导入，揭示课题

通过讲述我们身边的“不小心”导入，来揭示课题（要学生讲一讲有哪些运动伤害是不小心造成的）。这些的“不小心”全部来自于学生生活的周围，熟悉的人和熟悉的事，能很快地激起学生的学习兴趣，为下文的学习做良好的铺垫。

案例：上五年级的小明，最爱上的就是体育课。不仅可以与同学们自由玩耍，而且双杠也是他的最爱。今天又可以上体育课了，体育老师在结束正常的课程后，解散了同学们。可以自由玩耍了，小明飞快地跑到双杠处，来一个前翻接一个后翻。不少同学开始拍手叫好，小明忙着和同学们互动，

①常见的运动损伤.[DB/OL].http://jingyan.baidu.com/article/a3a3f81193b7758da2eb8ad7.html.

一不小心从双杠上掉了下来，老师立即将他送到了医院，这次事故造成了小明的右手骨折。

2. 设问：同学们，你们对运动损伤有哪些理解呢

让学生在问题中对自己的安全意识有一个初步的了解，同时也对运动损伤有一个初步的了解。

3. 教授新内容

（1）运动伤害。广义来说，凡是和运动有关所发生的一切伤害都可以列入运动伤害的范围。但是运动伤害的种类太多，仅介绍我国小学生在运动中常发生的伤害，包括：肌肉、肌腱、骨骼、韧带和其他与肌肉骨骼系统及相关组织的伤害。

老师提问："同学们对这个概念理解得怎么样呢"？可以举出一些小例子让同学们辨别。

（2）运动伤害的原因。老师提问："同学们认为出现这些运动伤害的原因有哪些？"

学生回答："场地不好""学生逞能""运动太过激烈"等。

同学们所给的答案都是有道理的，下面听听老师的讲解吧：

①暖身运动不够。运动前没有做好热身准备，适当的暖身运动可以应对突然的运动冲击，避免伤害，以防肌肉僵硬时，不但肌力减退，而且容易发生肌肉痉挛或拉伤。

②场地不合适。场地需考察的重点包括：地面是否平坦或柔软、室温是否过高、湿度是否太过潮湿、空气是否流通、噪声是否过大、是否带来太大的压力。

③不熟悉运动规则或没有遵守规则。不遵守运动规则，做出危险的动作，以及运动时互相推挤、剧烈碰撞，很容易造成伤害。每项运动都有其规则，以维持比赛的秩序及进行。一些身体接触性的运动，常因对手故意或无意的犯规，而造成运动伤害。

④装备不足。大部分运动皆有其特定的装备，用以保护运动员，如头盔、鞋子、护膝、护肘等，如果装备不足就容易受伤。

⑤身心状况不佳或是过度疲劳 。疲劳或是注意力不集中，很容易就会受伤。

⑥运动太过剧烈，错估自己能力。超过自己的体能负荷，高估自己的能力，做出超出体能极限的动作而导致受伤。

⑦器材损坏造成意外事件。使用的器材因损坏而造成运动伤害。

(3) 运动伤害的预防。

老师提问：“运动伤害的危害有哪些呢，为了这些伤害不在同学们的身上发生，我们该怎么做呢？”

学生回答：“运动的时候小心点，检查好运动的器械。”“危险的运动就不参与了。”“运动前要与老师沟通好。”

老师提问：“同学们说的这些都有道理，那么老师来给大家说说该怎样做。”

①预防重于治疗，而“事先充分准备”是最佳的预防手段。

②培养锻炼良好的体能。

③事前准备并检查运动器材与设备。

④适当的热身与收操。

以上四点老师要用通俗的语言讲解给学生，以便学生理解。

4. 巩固提问

这节课主要讲了运动伤害的预防，请大家正确地说出来。

【简要评析】

在课的讲述中，淡化教学进程，突出教学环节，通过“发现—练习—体验—交流”的环节，强调学生的能力培养，使学生在教学活动中体验学习的快乐、成功的快乐，培养终身教育的习惯。本节课在教学方法上，轻讲解、重启发，采用分层次教学的形式，让学生在不同难度的组别中练习，既增强了学生学习的兴趣和信心，又提高了学生掌握技术的能力，充分发挥了学生的主观能动性，使学生的思想观念，从“要我学”转变到“我要学”，从而更好地促进教学目标的实现。

【例2】

创伤的处理

（一）教学目标

(1) 了解创伤的基础知识，在运动伤害中如果出现状况不要太慌张。

（2）在学习过程中实际操练止血的方法。

（3）在情感态度上了解创伤对我们的危害，避免危害的出现。

（二）教学课时

1 课时

（三）教学准备

（1）请学生事先分组搜集有关“创伤处理”的资料。

（2）教师事先搜集有关“创伤处理”的图片及教学资料，准备好关于运动创伤的急救和止血法的录像带。

（四）教学过程

1. 问题导入

教师提问：“如果出现了运动创伤，大家该怎样做呢？”

学生回答：“去找老师，老师帮助解决”“出血了就要先止血，不能过于紧张。”

教师提问：“运动伤害出现时，避免不了出现流血的情况，如果发生了这样的事情，同学们要学会处理，现在我们先看一段录像。”

2. 观看教学录影带

创伤的急救和止血法。

3. 教授新内容

教师提问：“通过录像的观看，大家是不是了解了创伤的急救和止血法呢？下面老师要给大家具体地讲一讲。”

“如果你的同学不小心受伤了，老师不能及时出现，请这样帮助他。”

①急救者的双手，必须先用肥皂及清水彻底洗干净。

②检查患者伤口情形，将出血部位抬高，尤其是四肢出血。

③伤口血液凝块不要轻易除去。

④彻底洗净伤口，除去异物以防感染；可用温开水或冷开水洗净，用生理盐水冲洗更好。

⑤消毒、覆盖伤口，包扎固定。

⑥如为内出血不可揉搓，以避免更多的微血管破裂，应该用冷敷；如果严重出血应在例行急救措施后尽快送医院。

4. 分小组把整个过程演练一遍，教师要认真指导

5. 教师总结

希望同学们通过本节课的讲解，可以在运动伤害出现时，可以应对自如。要求同学们回家后与家长交流一下今天所学的内容，也让家长与大家一起学习。

【简要评析】

教学艺术的本质不在于传授知识，而在于激励、唤醒和鼓舞。这堂课能体现教师真正地唤起学生的主体意识。教师在教学中，适当地放手，让学生自己创造、实践。没有条条框框的模式束缚学生的创造力，更没有让学生按教师的思维、想法行事。让学生自己发现问题，在愉悦、宽松的氛围中，学生敢于想、敢于说。“一石击起千层浪”学生的思维发生碰撞，迸发出耀眼的火花。该课的教学设计中，从教材的重点、难点入手，通过细致地分析，结合学生的身心特点，围绕着教学目标进行了本节课的设计与安排。

【例3】

伤患搬运①

（一）教学目标

（1）了解伤患搬运的基础知识，在出现紧急情况下能互相帮助。

（2）到操场实地操作练习伤患的搬运，注意安全，避免发生意外。

（3）同学之间要学会互相帮助，团结协作。

（二）教学课时

1课时

（三）教学准备

（1）请学生事先分组搜集有关“伤患搬运”的资料。

（2）教师事先搜集有关“伤患搬运”的录像及教学资料。

（四）教学过程

1. 导入

教师提问：“如果你的同伴在踢球的时候摔伤了怎么处理呢？”

①冼建宏．伤患搬运——室内教学活动设计[J]．体育教育，2008-06-15．

学生回答：“把他送到医院”“要交给老师处理”“要把他搬起来”。

教师提问：“那我们看一看正确的做法是怎样的吧？”

2. 观看教学录影带

接着讲解伤患搬运的概念：急救人员为减轻伤患者再受到其他伤害，在安全计划下，将伤患送到安全的地方，或是接受治疗的地方的措施。

3. 教授新内容

教师提问：“同学们是不是已经初步了解了伤患搬运的方法，那么老师具体地给大家讲解一下。”

搬运伤患时应注意的事项如下。

①急救人员在搬运伤患之前，要保持冷静，先了解伤势，除非环境情况危急迫切，否则须加以初步急救处理才好搬运。

②搬运前最好事先给予伤患解释及说明。

③急救人员在两名以上时，动作应一致，步伐均匀。

④若需将伤患拖至安全地带，应以身体长轴方向直向拖行（脚前头后），不可用侧面横向拖行；上下坡时伤患宜平抬。

⑤凡是头部、大腿、小腿、手臂、骨盆、背部骨折者不宜直立搬运。

教师：“同学们如果还有不理解的地方，咱们就去操场上实践一下吧。”

4. 实践操练

到操场实地操作练习伤患的搬运，注意安全，以避免发生意外。

【简要评析】

本节课中教师努力提供把学生置于问题情境之中的机会，营造一个激励探索和理解的氛围；为学生置身于问题情境之中的机会，营造一个激励探索和理解的氛围；为学生提供一个有启发性的讨论模式，通过学生的自主活动来体验知识的产生和形成过程。从上面的教学设计可以看出，教师从教材出发，引出了所要学习的新内容，并进一步激发了学生的学习兴趣。学生们都精心准备，全身心地投入，主体性参与极高。这样就激活了学生的内驱力，变“要我学”为“我要学”，由被动地学转为主动地学。

三、教学素材

相关案例

某小学学生顾某、李某同其他3名同学在水泥地面上玩跷跷板。顾某、李某同坐在跷跷板一头，当跷跷板向上翘起时，李某推了顾某一下，致使顾某从距地10.5米高处落下，摔倒在水泥地上。

[法律分析]

根据《学校卫生工作条例》的规定，学校体育场地和器材应当符合卫生和安全要求。教学素材中学校将跷跷板安置在水泥地面上，未能充分考虑学生活动时可能发生的跌落行为，不符合保护学生人身安全的要求，是学生顾某受运动伤害的间接原因。因此，学校应承担相应的赔偿责任。学校在安置活动设施时，务必要结合学生的年龄特点，充分考虑学生活动时的安全问题，以免发生运动伤害。

2003年3月10日上午，某小学一教师发现学校滑梯的滑竿出现裂缝，影响其稳定性，便立即告诉了学校负责维修的人员。维修人员当天没有时间，想第二天维修。结果就在当天下午，学生吴某和几个同学到滑梯上去玩，滑竿突然断裂，吴某摔倒在地，左胳膊被摔断。

[法律分析]

根据《民法通则》第126条的规定，学校对于自身所有或管理的校舍和教育教学设施等承担着维护其安全的一般性义务。教育部《学生伤害事故处理办法》第9条规定，学校的校舍、场地、其他公共设施，以及学校提供给学生使用的学具、教育教学和生活设施、设备有明显不安全因素，造成学生伤害事故的，学校应当依法承担相应的责任。校舍、场地、其他公共设施的特点是公开性、开放性，除非学校发现其存在危险并已经采取了有效措施禁止使用，否则学生都有使用的权利。所谓明显的不安全因素，是指根据学校管理者自身的知识和常识，如果处于谨慎注意的情况下，应该预见也能够预见的危险。上述学校教师已经发现滑竿出现裂缝，存在着明显的不安全因素，并告诉了维修人员，但维修人员并未及时进行修复或采取切实有效的措施将滑梯与学生隔离开，结果造成了学生运动伤害事故，学校对此负有不可推卸的责任。学校要定期对各种体育设施进行检查，对于存在不安全因素的设施，能够马上解决的就马上解决；不能马上解决的，则必须在该设施旁设置明显的警示标志，并采取积极有效的措施，将这些设施与学生隔离开来，避免学生在危险条件下活动。仅仅靠提醒学生等从主观上加以注意，不能视为已有效消除了明显的不安全因素。因为对于低年级学生而言，他们还不能充分理解警示的含义。

学校在体育课伤害事故中的法律责任

某学校的体育课上，一男生在自由活动时跃起抓住足球门栏，但因该门栏固定不牢，导致门栏翻倒压在该男生的腹部，造成重伤。

某小学四年级体育课上，教师在32米的距离内用板凳设置四道障碍，要求学生越障碍往返跑。练习中，学生高某在越障碍时被板凳绊倒摔伤，被送往医院治疗。该学生家长与学校协商未成，向法院提起诉讼。经法院审理查明，该体育课教学内容安排违反了原国家教委《全日制小学体育教学大纲》的规定，其强度和难度均超过了四年级学生的承受能力。法院因此判决学校支付医药费、护理费、交通费等费用。

体育课上的运动伤害事故同其他学生伤害事故一样，在确定学校是否承担责任时，应当依据的归责原则是过错责任原则，即有过错则应承担责任，无过错即无责任。因此，在上述情况中，因设施存在故障或缺陷、教学内容超过学生的正常承受能力、教师在组织教学中的过失而导致的学生伤害事故，学校应当根据过错责任原则承担法律责任。在案例1中，因为运动器械存在安全隐患而导致学生受伤，学校存在明显的过错，而受伤的男生不可能预见到足球门栏有可能翻倒，不存在过错，所以，校方应承担全部法律责任。在案例2中，体育教师超越《全日制小学体育教学大纲》的要求，对小学四年级的学生进行越障碍跑训练，其教学内容的强度和难度明显超越了学生的负荷能力，法院因此判决学校根据过错责任原则承担责任。

四、知识链接①

我国学校运动伤害事故是随着学校体育活动日益丰富而出现的一个法律问题。教育部于 2002 年颁布了《学生伤害事故处理方法》，就学生伤害事故问题做了相应界定：学生伤害事故是学校实施的教育教学活动或者学校组织的校外活动中，以及在学校负有管理责任的校舍、场地、其他教育教学设施、生活设施内发生的，造成了在校学生人身损害后果的事故。同时强调“由于学生体育伤害事故和学校事故或学生伤害事故属于个性与共性、特殊与一般的关系，所以，在对学生体育伤害事故的界定方法进行界定”，依次将学校运动伤害事故界定为：在学校体育教学、课外体育活动、运动训练、体育竞赛中发生的，或者是学校负有管理责任的一切体育教育活动内发生的人身损害事故。

《学校卫生工作条例》规定，学校体育场地和器材应当符合卫生和安全的要求。

根据《民法通则》第 126 条的规定，学校对于自身所有或管理的校舍和教育教学设施等承担着维护其安全的一般性义务。教育部《学生伤害事故处理办法》第 9 条规定，学校的校舍、场地、其他公共设施，以及学校提供给学生使用的学具、教育教学和生活设施、设备有明显不安全因素，造成学生伤害事故的，学校应当依法承担相应的责任。

---

①学校运动伤害事故.[DB/OL].http://jingyan.baidu.com/article/a3a3f81193b7758da2eb8ad7.html.

第二课　拥堵踩踏要提防

一、教学内容

拥挤踩踏事故，是指在聚众集会中，特别是在整个队伍产生拥挤移动时，有人意外跌倒后，后面不明真相的人群依然在前行，对跌倒的人产生踩踏，从而产生惊慌、加剧的拥挤和新的跌倒人数，并恶性循环的群体伤害的意外事件。

拥挤是一种在很短的时间内，因为某种事件突发的缘故，在人员集中的场所内引起的情绪亢奋、行动过激、人群大量聚集的失控现象。拥挤是突发事件，同学们难免遇到，当我们遇到拥挤情形时应该保持冷静，沉着应对，谨防因为突发的拥挤致使人身伤害发生。校园发生人群拥挤踩踏事件是非常危险的，当身处这样的环境时，一定要提高安全防范意识。在行进的人群中，如果前面有人摔倒，而后面不知情的人若继续向前进的话，那么人群中极易出现像“多米诺骨牌”一样连锁倒地的拥挤踩踏现象。此时，如果你正好置身在这样的环境中，就非常有可能受到伤害。

在一些现实的案例中，许多伤亡者都是在刚刚意识到危险时就被拥挤的人群踩在脚下。因此，如何判别危险，怎样离开危险境地，如何在险境中进行自我保护，就显得非常重要。

（一）拥挤踩踏事故发生的特点①

1. 易发生事故时间

事故多在下晚自习、下课、上操、就餐和集会时，学生集中上下楼梯，且心情急切。

①白锐．室外大型社会活动拥挤踩踏事故研究[D]．沈阳航空工业学院，2009-02-23．

2. 易发生事故地点

事故多发生在教学楼一、二层之间的楼梯转角处。

3. 易发生事故的学生群体

事故发生主要集中在小学生和初中生。他们年龄较小，自我控制和自我保护能力较差，遇事容易慌乱，使场面失控，造成伤亡。

4. 易发生事故的设施设备因素

①通道狭窄。楼梯，特别是楼梯拐角处狭窄，不能满足学生集中上下的需要。②建筑不符合标准。一栋楼只有一个楼梯，不易疏散。③照明不足。晚上突然停电或楼道灯光昏暗，没有及时更换损坏的照明设备，也容易造成恐慌和拥挤。

5. 易发生事故的管理因素

①学生在集中上下楼梯时，没有教师组织和维持秩序；②学生上晚自习时没有老师值班，下课时无人疏导；③个别学生搞恶作剧，在混乱情况下狂呼乱叫，推搡拥挤，致使惨剧发生；④没有对学生和教师进行事故防范教育和训练，无应急措施。

（二）造成校园拥挤踩踏事故的学生原因

（1）时间多在放学或集会、就餐之时，学生相对集中，且心情急迫。

（2）事故发生地点多在教学楼一、二层之间的楼梯拐弯处。上面几层的学生下到此处相对集中，形成拥挤。

（3）学生不易控制自己的情绪，遇事慌乱，常常出现拥挤并大喊大叫的现象，使场面失控。

（4）学生不善于自我保护，在拥挤时或弯腰拾物被挤倒，或被滑倒、绊倒，造成挤压事故。

（5）平时缺乏对事故防范知识的学习和训练，无应急措施。

（6）有个别学生搞恶作剧，遇有混乱情况时狂呼乱叫，推搡拥挤，以此发泄情绪或恶意取乐，致使惨剧发生。

（三）预防拥挤踩踏常识

（1）上下楼梯要相互礼让，靠右行走，遵守秩序，注意安全。

（2）在上操、集合等上下楼活动中，不求快，要求稳。

（3）不准在楼梯间打闹、搞恶作剧等。

（4）学生进行文明礼仪学习，学生上下楼梯靠右行，不拥挤，防止拥挤踩踏等不安全事故的发生。

二、教学设计

【例1】

校园拥挤踩踏事故出现的原因

（一）教学目标

(1) 一件事故的发生，都是有一定原因的。只有找到原因，才能有解决的办法。因此，学生要了解校园拥挤踩踏事故发生的原因，才能学会预防。

(2) 学生要学会分析事件发生的原因，认识到问题的严重性。

（二）教学课时

1课时

（三）活动准备

(1) 学生先自己分析校园拥挤踩踏事故发生的原因。

(2) 教师准备一段导入新课的谈话内容，与学生分享。

（四）内容设计

1. 谈话引入

踩踏事故的发生实际是由再平常不过的走路引起来的，是个体行为所致。这就说明，一些人并没有把走路当回事，其实不然。如何走路？在当今发生的踩踏事故面前变得异常重要。单纯从生理功能、自然发育的角度来看，对于一个四肢健全的人来说有谁不会走路的？

但是，如何在人类社会中走路，其实并不是一个可以无师自通、无须教育的行为。也就是说，如何走路，并不是一个仅仅与个人身体发育有关的生理、自然问题，更是一个涉及心理成长、理性成熟，如何把握和处理人与人、人与社会之间的人伦关系，关乎行为伦理、文明素养的社会问题、教育问题。

而作为小学生的我们，还不能涉及如何走路的深奥问题。但是有时候我们的一些“小举动”，也存在着大危险。请问同学们：你们觉得大家的什么行动会促成拥挤踩踏事故的发生呢?

2. 分组讨论，派代表发言，教师总结

3. 教授新知识

在活动人数较少或者活动空间开阔的情况下，发生踩踏事故的概率很小。而学校是未成年学生群聚的场所，当人数众多的学生需要在短时间内通过某一空间容量有限的通道时，拥挤的风险就已然存在。一旦拥挤过度，踩踏事故就可能随时发生。从以往发生的踩踏事件来看，学生的下列行为特别容易导致过度拥挤，进而引发踩踏事故:

(1) 逆行。在拥挤的通行人群中逆行是高度危险的行为。在狭窄的楼梯上，一部分学生上行，另一部分学生则下行，当通行人数众多，上、下行人群互相干扰、阻碍时，很容易导致学生恐慌和互相推挤，进而引发踩踏事故。

(2) 不慎摔倒。在拥挤的通行人群中摔倒，往往会成为踩踏事件的直接诱因。由于行走时注意力不集中，在下台阶时不慎踩空而摔倒；或者由于雨雪天楼梯湿滑，行走时不慎滑倒，而紧随其后的学生由于后面人群的裹挟前行无法止步，相继被绊倒，从而发生踩踏事故。

(3) 在行进中弯腰系鞋带、捡东西。在下楼梯过程中，鞋带突然松了，或者东西掉地上了，很多学生的第一反应是停下来解决问题。殊不知，如果人群拥挤，后面的人由于反应不及，很可能踩踏过去或被绊倒，从而引发踩踏事故。

(4) 通行中搞恶作剧。比如故意堵住通道、出口，故意大喊大叫，故意说出吓人的话（如大喊“地震了”“鬼来了”等），引起人群恐慌，导致学生因急于离开而相互拥挤，进而酿成踩踏事故。

(5) 部分学生通行速度过快。天气突然变化后，学生急于回教室、回宿舍；或者上课铃、上操铃声响后，学生急于回教室或到达操场，因部分学生通行速度快于人群的整体速度而导致推挤。

(6) 突然停电后，学生因恐慌、害怕而相互拥挤。

(7) 楼梯中发生异常情况后（如有人摔倒、哭泣、打架等），部分学生因好奇心驱使，不但未止步，反而纷纷凑上前去探个究竟，导致人群拥挤。

4. 课后作业

写一篇心得体会，说一说上完本节课的感想。

【简要评析】

本教学设计妙在不直点出主题，却激起了学生的探究欲望，体现了教师精心安排又不着痕迹的教学艺术。“良好的开端是成功的一半”，特别是运用精彩的导入语，能够感染学生的情绪，激发学生的思维，激活学生的求知欲，充分调动学生的积极性，为授课奠定了良好的基础。尊重学生的学习意愿，给学生充分自主探究、自主发现的时间和广阔的空间。让学生动手做，用自己的眼睛发现，用自己的思维质疑问难。最后，让学生依靠自己的能力和潜力探究解决问题。

【例 2】

预防拥挤踩踏事故①

（一）教学目标

(1) 通过本课教学，使学生知道拥挤踩踏事故发生的安全隐患，掌握必要的防范办法。

(2) 学会拥挤踩踏事故发生时的应急处理措施。

（二）教学课时

1 课时

（三）活动准备

(1) 课前要求学生搜集关于拥挤踩踏事件的资料，分析踩踏事故的主要原因、严重后果。

(2) 教师制作课件，通过视频、图片等方式让学生更深刻地体会拥挤踩踏的严重后果。

①学生拥挤踩踏预案.[DB/OL].http://jingyan.baidu.com/article/a3a3f81193b7758da2eb8ad7.html.

（四）内容设计[①]

1. 拥挤踩踏事故新闻纪实情况导入

（1）2013 年 2 月 27 日，湖北老河南市薛集镇秦集小学发生一起校园踩踏事件，导致 11 名学生受伤，4 名学生死亡。

（2）2013 年 3 月 28 日下午，西工大附小组织学生到曲江海洋极地馆进行社会实践活动。这期间由于自动扶梯发生故障，导致学生发生踩踏，16 人受伤。

（3）2012 年 2 月 17 日，辉县市实验小学发生楼梯踩踏事故，3 名学生在事故中受伤。

总结：通过以上的例子让学生深刻地体会到原来许多安全隐患就在我们的身边。不能认为这些事情和我们没有关系，就不认真对待。等危险到来时，后悔莫及。

2. 分小组讨论

（1）怎样预防踩踏事件的发生?

（2）遇到踩踏事件中的伤者怎么办?

（3）怎样面对学校踩踏事件?

学生发言，教师做总结。

3. 新课讲授

师生互动，共同总结拥挤踩踏事故如何预防。

（1）遭遇拥挤的人群怎么办?

①发觉拥挤的人群向着自己行走的方向拥来时，应该马上避到一旁，但是不要奔跑，以免摔倒。

②如果路边有商店、咖啡馆等可以暂时躲避的地方，可以暂避一时，切记不要逆着人流前进。

③若身不由己陷入人群之中，一定要先稳住双脚。切记远离店铺的玻璃窗，以免因玻璃破碎而被扎伤。

④遭遇拥挤的人流时，一定不要采用体位前倾或者低重心的姿势，即便鞋子被踩掉，也不要贸然弯腰提鞋或系鞋带。

---

①学生拥挤踩踏预案.[DB/OL]. http://www.doc88.com/p-3039984690983.html.

⑤如有可能，抓住一样坚固牢靠的东西，待人群过去后，迅速而镇静地离开现场。

(2) 出现混乱局面怎么处理?

①在拥挤的人群中，要时刻保持警惕，当发现有人情绪不对，或人群开始骚动时，就要做好保护自己和他人的准备。

②此时脚下要敏感些，千万不能被绊倒，避免自己成为拥挤踩踏事件的诱发因素。

③当发现自己前面有人突然摔倒了，马上就要停下脚步，同时大声呼救，告知后面的人不要向前靠近。

④若被推倒，要设法靠近墙壁。面向墙壁，身体蜷成球状，双手在颈后紧扣，以保护身体最脆弱的部位。

4. 防范要诀

上下楼有秩序，不滑栏杆不拥挤，上下楼梯靠右行，先后有序不着急。

晚自习后慢慢走，不要拥挤恶作剧，发现滑倒忙扶起，后面不要向前挤。

走廊通道慢慢走，保持队形要注意，奔跑打闹不可行，互相拥抱使不得。

厕所门前不拥挤，文明礼让有秩序，雪天楼梯易滑倒，提醒同学要注意。

追逐打闹有危险，发生踩踏悔不及。

5. 课后作业

学生与父母一同分享这节课学到的知识，无论遇到校园拥挤踩踏事故还是公共拥挤踩踏事故，都能正确应对。

【简要评析】

运用新闻纪实情况导入课程是本教学设计的亮点，通过新闻事实让每个学生身临其境地感受课程。同时本教学设计重点突出，目标全面、准确、具体，完整地体现知识与能力、方法与过程、情感态度与价值观三个维度，布局合理，设计各种教学活动，引导学生自主学习，有条理地将旧知识综合运用。最后本教学设计的教学环节清晰、完整具体，能活化教学内容，使之生活化，课堂教学的开放性、师生关系的民主性、教学模式的多样性，培养了学生良好的学习品质。本教学设计提出体现了以人为本、让学生发展为本的教育理念。

三、教学素材

相关案例

2006 年 12 月 22 日中午，河北永年县第一实验小学在放学时，位于三楼的小学三年级学生蜂拥而出，当回家心切的学生涌向楼梯口时，一名 9 岁女生不慎摔倒，随后被拥挤而下的同学压在地上，致使踩踏事故中 1 女生死亡 2 人受伤。

2007 年 8 月 28 日云南省马龙县通泉小学发生一起学生因上厕所拥挤造成的踩踏事故，造成 16 名学生不同程度受伤。

2008 年 12 月 23 日下午 4 时许，福建福州仓山博奥学校下课时，一名 9 岁的小学生和一名女教师及多名同学上楼时，被蜂拥下楼的其他学生冲倒，这名小学生被推倒摔下楼梯后又被人群挤压踩踏，导致右小腿粉碎性骨折。

2009 年 1 月 6 日傍晚 5 点 40 分，浙江宁波宁海金桥书院学校，一条放孔明灯的校园广播，吸引了数百名学生的注意。为观看孔明灯的学生们蜂拥下楼，因现场过分拥挤有学生跌倒而导致学生人压人地乱成一团，结果造成当场两伤一死的踩踏事故。

2009 年 11 月 3 日湖南常宁市西江小学的学生准备做课间操，在下楼时发生严重的踩踏事故，6 名学生受伤。

2009 年 11 月 25 日下午 3 时 20 分左右、重庆彭水县桑柘镇中心校下午放学时间，两名一年级学生在跑向教学楼二楼本班教室的过程中，与第三、第四层楼下楼的高年级学生相遇，学生上楼和下楼人流在一楼、二楼楼梯口发生拥堵后因个别学生摔倒导致踩踏，造成5名学生严重受伤，数十人轻伤事故。

反思：

生命不保，何谈教育，这是我们应当必须共同遵循的教育准则。一个没有安全保障的学校，是一所不合格的学校，一个不具备安全意识的教师，是一个不称职的教师。

校园内是学生生活学习的地方，也是人员相对集中的地方，如何避免此类事件发生是人人都应关注的问题。安全工作应做在事故之前，而不是亡羊补牢。频频发生的踩踏事件，也使得解决校园安全问题迫在眉睫。特别是我国教育事业的快速发展，在校学生人数不断增多，校区开放程度和后勤服务社会化程度也越来越高，学校的管理工作和安全保障工作面临新的课题。一次次的悲剧为我们敲响警钟，保障学校安全，保障孩子生命安全，是我们共同的责任。加强防患意识，预防永远胜过治疗。以预防为主，要对不谙世事的孩子经常加强教育、引导，帮助他们掌握自护自救、应对突发公共安全事件的本领。学校要求学生不准在楼梯和走廊打闹、拥挤；不准吓唬同学；不准靠近和攀附围栏和护栏，发现不安全隐患要及时上报学校。

学校安全事关人命，责任重于泰山。我们一定要从“讲政治、保稳定、促发展”的高度，强化安全措施，常抓不懈，避免重蹈覆辙。

四、知识链接

对小学生进行安全教育的重要性①

每个人都应该有自我保护的意识，特别是小学生。他们的安全意识是比较薄弱的，有时候分不清事实的好坏，电视、报纸、网络经常会报道一些关于小孩没有安全意识，被拐卖呀，受骗呀等一些孩子人身受到侵害的事实。所以，应该让小学生了解最基本的自我保护常识。如交通安全的知识、防火与防爆的知识、普及避险的知识，引导孩子警惕社会恶性事件，等等。

①安全教育的重要性.[DB/OL]. http://blog.sina.com.cn/s/blog_5cda893f0100vc1t.html.

培养自我保护能力是孩子们快乐健康成长的必备能力。只有学会自我保护，远离危险，我们的孩子才能拥有幸福，享受美好的生活。为了孩子的健康和安全，家长和教师应该及早教给他们一些必要的安全常识和处理突发事件的方法，注意培养孩子的自我保护能力及良好的应急心态，减少危险事件的发生。

小学生缺乏自我保护意识，对社会了解不够。在校园内学习、生活、接触社会少，辨别是非能力差，容易被犯罪分子利用。还有的小学生不注意用电、用火安全，不注意出行交通安全，存在侥幸心理，往往容易造成安全事故。认识不到打架斗殴、盗窃等给自身、他人、家庭、学校会带来什么样的危害。因此，作为班主任除了对班级学生进行爱国主义、社会主义、集体主义以及基本道德规范等思想政治教育和基础文化科学知识教育外，还要对学生进行安全教育和自护自救教育，让学生掌握一些基本的安全防范、安全自护和安全自救知识。不仅自己要牢固树立安全责任重如山、生命责任大如天的意识，还要努力使学生树立安全第一的观念。学校安全无小事，班级安全是关键。只有学生、教师都树起“安全责任重于泰山”的意识，创新安全管理模式，才能真正确保小学生的安全。

安全教育也是一个长期、连续的过程。小学生年龄小，自我保护意识差，每次活动前、放假前的安全教育都是必不可少的。因此，在学校原有的认识的基础上，应适时、及时地提醒小学生，让小学生巩固已有的知识并获得更深层次的认识。让安全意识逐渐在孩子心里留下深深的烙印。作为成人，我们经常认为孩子年龄小，阅历浅，什么也不懂。在教育他们时避开一切反面事物，生怕造成负面影响，特别是家长，生怕孩子受到伤害。每次送孩子只是反复叮嘱，不能做这个不能做那个，不能吃这个不能吃那个，恨不能将孩子装进一个铜墙铁壁的堡垒里，使之不受任何伤害。老师也是如此，孩子一有出格的行为就非常担心。但是，简单说教并不能引起孩子的足够重视，而且反复叮嘱还会引起孩子的反感。此外，孩子整日被关在教室或家里，对外面的世界一无所知，一旦放出，他们就像久困的鸟儿出笼一般，什么都想尝试，这样一来谁能保证不出危险呢？

安全教育不仅要在集体活动中集中进行，还应在日常生活中随机进行，应渗透在孩子的每一日活动中。结合小学生在活动中出现的问题，给予必要的、合理的安全教育。

第三课　业余活动须警惕

一、教学内容

小学高年级学生有了一定的自主意识，家长对其的看护不会像幼儿阶段或小学低年级阶段那样无微不至、寸步不离，也就是说，小学生有了更多自己的时间，而这些时间大多数学生是业余的户外运动时间。户外运动存在较高的危险性，因此需要加强安全意识。很多学生会选择野外游泳、滑冰、登山等户外运动。在我们的生活中时常听到关于学生发生溺水、摔伤、烫烧伤、动物咬伤和异物进气管等事故。为了学生安全着想，我们应该指导学生学会预防这些事故的发生，以及事故发生后的急救措施。

（一）野外游泳必备的安全常识

1. 了解自身健康状况

（1）心脏病、高血压、传染病、癫痫、皮肤病、眼疾等不宜游泳；

（2）疲倦、生病、饱食、空腹、情绪不好及酗酒后不宜游泳；

（3）正确评估自己的能力，游泳时不能逞强好胜，应该量力而为，泳技差者不能到深水处或离岸太远。

2. 选择安全场所

（1）不可在有“禁止游泳”“水深危险”等警示标志区域内游泳；

（2）不可在航道、港区、急流区、礁岩区、码头旁及水草生长区域游泳；

（3）游泳时遇大雷雨或地震时应立即上岸；

（4）了解水温、海浪、风力、潮流等情况；

（5）不明地形或水浅处均不宜跳水，不可贸然潜入深水。

3. 养成良好的习惯

（1）热身运动：入水前应先做伸展热身操；

（2）游泳中呼吸时尽量用嘴吸气，用鼻呼气，且以最大肺活量吸气及吐气，做到有节奏，不宜多说话，以防呛水；

（3）养成睁眼游泳的习惯，戴泳镜，以免被撞或踢伤；

（4）结伴游泳以便互相照顾；

（5）从事水上活动，除游泳外，均应穿着救生衣；

（6）不可拿呼救的动作开玩笑；

（7）离水后应立即擦干身体，保持体温；

（8）游泳前应仔细勘察水域，并用浮标划分深浅水及安全区域。

（二）滑冰注意事项

（1）滑冰时，要到专门的冰场进行运动，避免到江面、湖面上去滑冰。

（2）先做好准备活动，尤其是手腕和下肢各关节及韧带，要充分活动开。

（3）初学滑冰者，不可性急莽撞，要注意保持身体重心平衡，避免向后摔倒而摔坏腰椎和后脑，应尽可能在人少的地方练习，在滑冰的人较多时，要注意力集中，避免相撞。

（4）应该佩戴一些防护用具，如专用的护腕、护肘、护膝等。

（5）在冰场上要遵守规则，不要做危险动作。①

（三）登山注意事项

（1）登山时由教师或家长带领，要集体行动。

（2）登山的地点应该慎重选择。要向附近居民了解清楚当地的地理环境和天气变化的情况，选择一条安全的登山路线，并做好标记，防止迷路。

（3）备好运动鞋、绳索、干粮和水。在夏季，一定要带足水，因为登山会出汗，如果不补充足够的水分，则容易发生虚脱、中暑。

（4）最好随身携带急救药品，如云南白药、止血绷带等，以便在发生

---

①http://epub.cnki.net/kns/brief/default_result.aspx.

摔伤、碰伤、扭伤时派上用场。

（5）登山时间最好选在早晨或上午，午后应该下山返回驻地，不要擅自改变登山路线和时间。

（6）最新的小学生户外活动安全知识：背包不要手提，要背在双肩，以便于双手抓攀。还可以用结实的长棍作为手杖，帮助攀登。

（7）千万不要在危险的崖边照相，以防发生意外。

二、教学设计

【例1】

学生防汛、防地质灾害安全教育教案

一、教学目标

(1) 初步了解防汛、防地质灾害的有关内容。

(2) 提高学生的安全意识，学习防汛、防地质灾害的有关知识，在学习中提高自救自护的能力。

(3) 通过学习，要求每个学生提高安全意识。

二、教学课时

1课时

三、教学过程

1. 引入

现在是夏季，天气多变，雨水多，河里、小溪里经常会涨水。很多小朋友喜欢去河边、溪边玩水，很容易出现安全事故。由于夏天天气很热，有的同学就悄悄地去河里、池塘里洗澡，发生了溺水身亡的事件。失去了生命，爸爸妈妈很伤心，老师也很伤心。

2. 防汛知识教育

(1) 不到河里、沟边去玩耍，下雨天，不去河边、沟边洗手洗脚，以免滑落水中。

(2) 发洪水时应注意往高处逃；

(3) 尽力躲避大浪；

(4) 尽量抓住浮托物；

(5) 挥动鲜艳衣物呼救；

(6) 洪水来时，如正在教室上课，要听从老师的指挥，有秩序地转移，情况紧急时要抓牢课桌、椅子等漂浮物，尽可能与老师、同学在一起，等待营救，千万不要独自游泳回家。

(7) 山区山洪暴发，山沟、河滩中水深齐膝，水流又急时，学生不单身过河。放学路上遇桥梁、道路坍塌，不能冒险通过，可返回学校留宿或请老师想别的办法。

3. 防地质灾害

不要到山体容易滑坡的地方玩耍，天气变化下暴雨时不要靠近滑坡地带。

4. 小结

人的生命只有一次，幸福快乐掌握在自己手里，希望通过这次的学习，学会珍惜生命。

【简要评价】

本教学设计是在告诉学生防汛知识以及防地质灾害的基本知识，教学目标明确、课时分配合理、教学任务符合学生特点，目标全面、准确、具体，符合教学大纲的要求；体现新课程目标要求（知识和能力、过程和方法、情感态度和价值观三个维度），在知识、能力、情感态度与价值观等方面的培养得到了较好的体现。知识很全面，语言很简洁，学生容易接受，但从教学过程设计这一环节来看，教学设计中并没有体现教师是如何上的课，而只是将学生应该学的知识罗列出来。

【例 2】

“防溺水”安全教育

一、教学目标

(1) 了解防溺水的安全常识。

(2) 自己能改变生活中不遵守溺水安全的不良习惯，提高对生活中违反安全原则的行为的辨别能力。全面深入地推动学校安全教育工作，杜绝学生溺水伤亡事故的发生，增强学生的安全防范意识，提高学生的自护自救能力。

(3) 提高安全意识，学习溺水安全的有关知识，在学习中增强与学生的合作交流意识。

二、教学课时

1课时

三、教学过程

同学们：当前，学生溺水死亡已成为中小学生非正常死亡的头号杀手，给家庭、学校和社会造成了不可挽回的损失，令人痛惜、教训深刻。同时，也给学校的安全工作进一步敲响了警钟。结合现实生活中因游泳、玩水等引发的溺水事故，结合我们这些地方的天气和地域情况，请同学们千万不能独自到河滩、水库等危险的地方游泳，即使是在游泳池也必须有大人陪同并且严守规则。如果有溺水事件发生要及时报告大人，不能自行下河、水库等救人，因为你们还不具备救人的能力。

学好防溺水安全知识是防止溺水的最好措施，请同学们学习防溺水知识：

1. 游泳小常识

(1) 必须在家长（监护人）的带领下去游泳。单身一人去游泳最容易出问题，如果你的同伴不是家长（成年人），在出现险情时，很难保证能够得到妥善的救助。

(2) 身体患病者不要去游泳。中耳炎、心脏病、皮肤病、肝、肾疾病、高血压、癫痫、红眼病等慢性疾病患者及感冒、发热、精神疲倦、身体无力者都不要去游泳，因为上述患者参加游泳运动，不但容易加重病情，而且容易发生抽筋、意外昏迷，危及生命。传染病患者易把病传染给别人，另外女同学月经期间均不宜游泳。

(3) 参加强体力劳动或剧烈运动后，不能立即跳进水中游泳，尤其是在满身大汗、浑身发热的情况下，不可以立即下水，以免易引起抽筋、感冒等。

(4) 被污染的（水质不好）河流、水库、有急流处、两条河流的交汇处以及落差大的河流湖泊，均不宜游泳。一般来说，凡是水况不明的江河湖泊都不宜游泳。

(5) 恶劣天气如雷雨、刮风、天气突变等情况下，也不宜游泳。

2. 游泳前要做好准备活动

(1) 在游泳之前一定要做充足的准备活动。夏季天气炎热，不做准备活动马上入水，水温、体温、气温相差很大，骤然入水，毛孔迅速收缩，刺激感觉神经，轻则引起肢体抽筋，重则引起反射性心脏停搏休克，很容易造成溺水死亡。

（2）如何准备？

①通过跳跃、慢跑2~4分钟使身体发热但不出汗，其目的是使身体内各个器官进入活动状态。

②做徒手操：（体育课老师经常采用的）使身体各关节、韧带及身体肌肉做好充分活动准备，以防受伤。

③入水前用冷水淋浴一下，以适应水温，然后下水。

④水上准备工作。入水后不宜马上快速游泳，更不宜马上游入深水区。应在浅水区适应一段时间后，再逐渐加速。

3. 游泳过程中应注意的问题

（1）应该相互关照、相互关心，而不应该相互嬉水，或捉弄对方。一起去游泳，如果有人提前上岸，要告诉同伴，一起去游泳应该一起回家。

（2）到天然游泳场所（如江河、水塘、水库）游泳，应该由家长、亲人或教师带领，特别强调初学者不要到野外去游泳。

（3）要注意休息，不要长距离游泳，不要远离伙伴。如果感到身体不适，要告诉同伴并上岸休息，在岸上观看同伴游泳，留心他们的安全。

（4）中小学生不游潜泳，更不能相互攀比潜水的时间谁更长，潜水的距离谁更远。这样做很容易发生危险。

4. 游泳中的紧急情况及自救

（1）抽筋：是肌肉不自主地强直性收缩，水温过低或游泳时间过长，都可能引起抽筋，发生抽筋时最重要的是保持镇静，不惊慌。

（2）一般处理办法。①如果发现有抽筋现象，应马上停止游泳，立即上岸休息，并对抽筋部位进行按摩。②如果在深水中发生抽筋，且自己无力处理，而周围又无同伴时，应向岸边呼救，千万不要慌张。

（3）在水中解脱抽筋的方法，主要是牵引抽筋的骨肉，使收缩的肌肉伸展和松弛。具体的解脱方法如下（六个方面）。

①手指抽筋时，将手握成拳头，然后用力张开，这样迅速交替做几次，直到解脱为止。

②一个手掌抽筋时，用另一个手掌猛力压抽筋的手掌，并做振颤动作。

③上臂抽筋时，握拳，并尽量曲肘，然后用力伸直，反复几次。

④小腿或脚趾抽筋时，先吸一口气，仰卧在水上，用抽筋肢体对侧的手握住抽筋的脚趾，并用力向身体方向拉，另一只手压在抽筋一侧肢体的膝盖上，帮助伸直，就可以得到缓解。如一次不行，可以连续做几次。

⑤大腿抽筋时，吸一口气，仰卧水上，弯曲抽筋的大腿，并弯曲膝关节，然后用两手抱着小腿用力使它贴在大腿上，并加振颤动作，最后用力向前伸直。

⑥胃部抽筋时，先吸一口气，仰浮水上。迅速弯曲两大腿，靠近腹部，用手稍抱膝，随即向前伸直，注意动作不要太用力，要自然。

再次强调：不管发生什么样的抽筋，都先向同伴或其他游泳者呼叫：“我抽筋了，快来人呀！”

5. 溺水者急救

（1）发现溺水者如何将其救上岸。

方法一：可将救生圈、竹竿、木板等物抛给溺水者，再将其拖至岸边；

方法二：若没有救护器材，可以入水直接救护。接近溺水者时要转动他的髋部，使其背向自己，然后拖运。拖运时通常采用侧泳或仰泳拖运法。

特别强调：未成年人发现有人溺水，不能贸然下水营救，应立即大声呼救，或利用救生器材呼救，《未成年人保护法》也规定：“未成年不能参加抢险等危险性活动。”这也是学校为什么要强调学生去游泳要由家长带领的原因。

（2）如何开展岸上急救（四步）。

①当溺水者被救上岸后，应立即将其口腔打开，清除口腔中的分泌物及其他异物。如果溺水者牙关紧闭，要从其后面用两手的拇指由后向前顶住他的下颌关节，并用力向前推进。同时，两手的食指与中指向下扳颌骨，即可搬开他的牙关。

②控水。救护者一腿跪地，另一腿屈膝，将溺水者的腹部放到屈膝的大腿上，一手扶住他的头部，使他的嘴向下，另一手压他的背部，这样即可将其腹内水排出。

③如果溺水者昏迷，呼吸微弱或停止，要立即进行人工呼吸，通常采用口对口吹气的方法效果较好。若心跳停止还应立即配合胸部按压，进行

心脏复苏。

④注意，在急救的同时，其他人要迅速打急救电话，或拦车将溺水者送医院。

6. 教师小结

同学们：我们不能拿自己的生命开玩笑，应知，人的生命只有一次，幸福快乐掌握在你的手里，希望同学们通过这节课的学习，学会珍惜生命，养成自觉遵守溺水安全原则的好习惯。在此，祝同学们平平安安！身体健康！快乐幸福地成长！

【简要评价】

本教学设计教学重点难点把握准确，教学内容主次分明，抓住了关键。在教授溺水知识的同时，还传授了溺水后的救护措施，可谓面面俱到。教学结构也合理，衔接自然紧凑，情感态度与价值观多维度，符合学段教学要求、教学特点与学生实际，该教学设计教学环节清晰、完整具体，能活化教学内容，使之生活化，课堂教学的开放性、师生关系的民主性、教学模式的多样性，培养了学生良好的学习品质，体现出该教师非常强的教学能力，但缺少教师上课的语言描述。同时，溺水施救、心肺复苏都有极强的专业性，成年人尚且懵懂，何况孩子。这需要全社会持续重视，普及知识，专家指导，时时演练。

【例3】

预防和处理烧伤、烫伤常识

一、教学目标

（1）了解烧伤、烫伤的来源，知道一些烧伤、烫伤的治疗办法。

（2）通过学习烫伤常识，培养学生自我保护能力。

（3）培养学生科学的救护烧伤、烫伤的习惯。

二、教学课时

1课时

三、教学准备

多媒体课件，生活小常识。

四、教学过程

1. 导入

从学生的生活实际入手，收集学生有关本课学习的潜在知识，有助于学习的有效进行。

（1）提问：生活中有许多快乐的事情，但一不小心，也有烧伤、烫伤的时候，你烧伤、烫伤过吗?

（2）讲述：这节课我们来了解烧伤、烫伤方面的秘密。

2. 新授

（1）常见的烧伤、烫伤。

①出示课件——常见的一些烧伤、烫伤，学生观察。

从课件中了解，在信息中掌握，能很好地让学生感受到学习烧伤、烫伤的必要性。

②了解信息“儿童中的烧伤、烫伤”。

③质疑：关于烧伤、烫伤，你有什么问题吗?

（2）了解烧伤、烫伤的缘由。

①提问：怎么会烧伤、烫伤呢?

②出示课件，观察。

图中的小朋友在干什么？可能会出现什么情况?

③提问：生活中，我们还应注意哪些烧伤、烫伤的危险?

（3）了解烧伤、烫伤的防护。

①讨论：我们应该怎样防止烧伤、烫伤?

②学生汇报。

③出示课件——治烫方法。

从课件中，你知道了什么?

了解烧伤、烫伤的方法很重要，要特别重视这一知识的学习，意在让学生掌握这些知识。（脱—泡—盖—送—冲）

④出示课件——防烧伤救护操。

a. 自学救护操。

b. 互相表演救护操。

（4）教师介绍防烧伤、烫伤小发明。

3. 总结、反馈

（1）这节课，你学会了什么？

（2）小故事——烫伤造成败血症。

从故事中，你明白了什么？

【简要评价】

本教学设计各种学习活动具体，充分注意学生学习习惯的培养，因材施教，以提问的方式触动学生、调动学生自主学习的积极性，遵循常规但不拘泥。根据学生的差异和特点，从具体到抽象对教学内容进行处理，思维逻辑很清晰。引入新课、教学步骤和讲课内容、巩固练习、归纳总结等各环节符合教学大纲要求。每课时教学环节完整、连贯、紧凑、层次分明，能承上启下、理论联系实际。体现出师生双边活动，反映教学方法和教学手段的合理运用，对课堂教学有很好的指导作用。但在教学设计中教师并没有将预防烫伤的知识一一罗列出来，会使学生感到知识很零散。

三、教学素材

相关案例

2014 年 7 月 2 日 19 时许，黑龙江省伊春市业余体育运动学校 5 名学生在橡胶坝发生溺水事故，事故导致 4 名学生死亡。记者 3 日 14 时赶到伊春，4 名遇难学生的遗体已被运送到殡仪馆。据了解，2 日 19 时许，伊春市业余体育运动学校王某等 5 名学生在校外吃完晚饭，为了在学校闭寝前赶回寝室，5 人抄近路趟过橡胶坝返校。在过橡胶坝的过程中，1 名学生溺水，其余 4 人相继施救。最后，溺水者以及施救者中的 3 人不幸遇难，仅有 1 人生还。遇难者中年龄最小的 16 岁，最大的 20 岁。事发后，家属一直在橡胶坝水中寻找孩子的遗体。截止到 3 日 14 时许，4 名学生的遗体被打捞上岸。

2014 年 9 月 24 日下午，云南通海县秀山镇大树小学 7 名六年级学生到杞麓湖游玩儿。他们乘坐废弃渔船划至深水区域时，渔船尾部漏水，最终沉没，7 名学生落水。当地武警、公安和渔政紧急展开搜救，当晚 10 时，除 1 名学生幸存外，其余学生全部遇难。

2012 年 12 月 16 日，小学生刘某看到一家院子里有条黑狗，就在铁门外对狗吆喝了几声，没想到铁门是虚掩着的，黑狗窜出来咬伤了刘某，后花去防疫费、医疗费 4 500 元。刘某父亲找到狗主人甘某东要求赔偿，双方就赔偿金额争执不下，遂告上法庭。

2007 年 7 月 6 日，9 岁的罗应隆正站在一棵树下时，一条隐蔽在桃树上的青竹标（也称竹叶青，一种毒蛇）突然向他发起了攻击，不幸咬到了他的右眼。昨日，记者在普洱市人民医院见到罗应隆时，他还处于半昏迷状态。

2015 年 4 月 17 日 18 时许，两男四女 6 名五年级小学生结伴来到永吉县口前镇水电河东小区附近一座山上游玩儿。他们玩儿得很高兴，不知不觉，天已经黑了下来。然而，打算回家时，却发现找不到之前上山的路了。几个孩子凭感觉行走，顺着亮光下山，偏离了原来的路线，走到半山腰时，遇到一个陡峭的山坡。孩子们试探着向下滑，可滑到一处不足 2 平方米的缓坡后，向下一望，下面几乎是与地面垂直的悬崖，而且错综复杂的树木阻挡了他们的归路。想再返回山上找其他的路，可回头一看，陡峭的山体上只有一些细树枝和杂草，如果贸然攀爬，万一不慎跌落，有可能直接摔到悬崖下。“怎么办？”几个孩子蹲坐在缓坡上，抓住身边的小树，面对进退两难的局面，心中不禁生出阵阵恐惧。两个小时后消防兵赶到了，他们才得以脱险。①

四、知识链接

小学生课外活动

游戏 1：快活呼啦圈

游戏准备：小动物木偶若干、呼啦圈。

游戏玩法：地上摆放若干小动物木偶，每个木偶之间的间隔为 20 厘米，

①http://news.163.com/15/0419/00/ANH9ROQ500014AED.html.

游戏者站在规定的地方，向木偶扔圈圈，以扔中多少获得不同的礼物。

游戏 2：玩报纸

游戏准备：报纸。

游戏玩法：两人合作把两张报纸依次展在地上，让队员从报纸上走到对面，以速度快慢获得不同的礼物。

游戏 3：运西瓜

准备：西瓜球若干、棍子 4 根、装球的纸箱一个、大可乐瓶 6 个。

游戏玩法：在指定的位置，两人拿着棍子夹好西瓜球准备，两人夹着西瓜球绕过汽水瓶然后沿路返回，最快回来的那组为胜。

游戏 4：赶小猪

游戏准备：自制高尔夫球棍 4 根，小皮球 2 只，拱门两个。

游戏玩法：两人各拿一根棍子，互相交替赶小球向前走，以最快穿过拱门的那组为胜。

游戏 5：打靶

游戏准备：敌人图片 5 幅；小椅子 5 把；沙包若干。

游戏玩法：队员每人 5 个沙包，站在线后，老师说：开始！队员用力将沙包向“敌人”投，沙包用完后，记载各自投准情形。

游戏 6：打保龄球

游戏准备：彩色矿泉水瓶 3 组（每组 10 个，在瓶子上贴上各种水果名）；皮球几个（依据情形而定）。

游戏玩法：队员在指定地位，用力抛动皮球，将矿泉水瓶子击倒。

游戏 7：画五官

游戏准备：黑板一块，上面画有娃娃头两个；粉笔；眼罩两个。

游戏玩法：队员在间隔黑板适合的位置，戴上眼罩，由老师引领到黑板前，在黑板上的娃娃头中填画上娃娃的五官。①

---

①http://wenku.baidu.com/link? url=2VGBktaQl5hw3PtM-ukyAUEC55DE5bBSshv9sfnNs_tTE9sVX5nhw4GHlmz6QrFtlD1aqs9Jc_knHpHu1ONTHmx-Nx2quKIyRqV3qNnoVUu.

第四部分

预防和应对网络信息类安全事故

内容提要

本部分内容精选针对小学生安全事故频发的网络信息类安全教育，基于小学生独特的生理、心理发展特点与其所处的现实境况，分三课进行此部分的阐述编写：网络游戏莫沉迷、网络暴力要远离、网络信息勿泄密。每节课都是在基于小学生视角下深度剖析产生此类现象或事故的根本原因，并以此提出有效的预防策略，借以提高小学生的网络信息类安全意识与能力。

第一课　网络游戏莫沉迷

一、教学内容

通常意义上我们所说的网络游戏是指在网络上打游戏。其实它是以高科技为基础，在网络时代发展起来的一种新兴娱乐形式，它将传统抑或现实、超现实的情节和角色刻画集成到交互的计算机软件环境中，人们借助计算机这一媒介对这些情节及角色进行模拟和扮演，从而达到身份认同及心理满足的一种存在情景。近些年，伴随经济、科技的迅猛发展，游戏市场也以令人吃惊的速度飞速向前滚动发展。2006 年 1 月，中国互联网网络信息中心发布的一份统计报告显示，2015 年网民已达 6.68 亿，对网络最主要的需求并非工作，而是游戏和娱乐。①近年来，随着网络游戏“玩家”的大军形成，青少年的人数也在逐年上升。由团中央青少年网络协会发布的《中国青少年网络成瘾报告》指出，我国有 13.2% 的青少年存在网络游戏成瘾的现象，另有 13% 的青少年存在此迹象。此外，《青少年网络游戏成瘾的现状研究——基于十省市的调查与分析》中显示小学生中玩过网络游戏的比例为 74.8%；对网络游戏非常着迷或经常玩，这一人群中，小学生的比例为 7.4%；小学生第一次玩网络游戏的年龄集中在 8~11 岁的比例为 61.40%。据了解，民盟北京市委一项调查表明，我国未成年人中，经常玩和每天都玩网络游戏的占 26%，玩一次超过 2 小时的占 26%，超过 7 小时的占 2.7%，每周用于虚拟聊天时间超过 10 小时的占 45.7%。

（一）小学生沉迷网络游戏的危害

1. 小学生沉迷于网络游戏，容易成瘾，并很难戒除

①王易.网络游戏是种“病”[J].网络新媒，2010(06).

2. 荒废学业，并影响身体健康成长

沉溺于网络游戏的小学生由于长时间上网，学习时间减少，从而分散小学生的注意力，精力不济，致使学习成绩下降。

玩网络游戏时需要全神贯注，而小学生又处于成长发育的快速阶段，长此以往，会使他们出现视力下降、眼睛疼痛、怕光、适应能力降低、眼花等症状，并且长时间与计算机接触，不仅身体受到电磁辐射的危害，饮食也会无规律，致使身体抵抗力、免疫力下降。

3. 易自闭，影响心理健康发展

沉迷于网络游戏，易使我们减少人际间交流，产生自闭倾向，并且网络游戏所渗透的不良信息（暴力、色情），小学生们也会无意识中进行模仿、崇拜，而这些会使小学生们性格扭曲、脾气暴躁甚至漠视生命，进而严重影响小学生的心理健康发展。

4. 易导致意外事件发生

网吧环境差、空气污浊，小学生长时间处于缺氧状态中，易有生命危险；网吧空间小、人多，易发生火灾等危险情况，并且不容易逃离；网吧、游戏厅里会有一些社会上的不法分子，会向小学生们勒索钱财。

5. 道德品质下滑

沉迷于网络游戏难免受暴力、色情信息的袭扰，并且小学生的自控力、辨别力不强，难免会将这些东西带到现实生活中。而且，玩网络游戏需要一定的经济基础，而小学生们又无经济来源，可能会出现去偷去抢的现象。

（二）小学生沉迷网络游戏的成因分析

小学生沉迷于网络游戏，甚至“成瘾”，已成为一个热门的社会问题。医学研究称为“成瘾综合征”，它是由人体内分泌紊乱引起的一系列行为异常反应。也就是说，过分沉迷于网络游戏是种病。

1. 从小学生特殊的心理特点分析[①]

（1）追求自我价值。小学高年级的孩子已有了自我意识，攀比意识也

①李澄晔,刘艳华.学生紧急保护手册[M].北京：新世界出版社,2005.

较严重。在与同伴的交往过程中，倘若学习成绩不如他人抑或被老师、同学“看不起”，那么这种渴望成功、渴望得到关注、渴望得到他人尊重的心情就会转移到虚拟的网络游戏中。在网游的环境里，他们可以控制游戏中的角色获得尊重、满足感和实现自我的价值。

（2）好奇心强、自控性差。小学生思想简单，对新生事物会有极其强烈的好奇心、求知欲。但是受儿童身心发展的影响，他们的自控性不强、相对缺乏明辨是非的能力，也难以应对复杂的局面。因此，当有些学生在学习、生活中受挫，父母、老师、同伴又没有给予他们积极有效的应对措施，这时的他们就会选择逃避的方式解决问题。调查显示，有 50.9% 的成瘾青少年认为：玩网络游戏的时候，可以让我忘记现实中的各种烦恼。

（3）注重同伴交往。小学生接触网络游戏的另一重要因素是同伴交往的需要。这个年龄段的孩子特别注重同伴对自己的看法，特别是那些性格内向、很少有玩伴、缺乏人际交往的学生。看到别的同学玩，就想与他们交往成为朋友或者有共同话题或者想融入“游戏团队”的小组当中，自己就会学着去逛游戏网站，并且为了赶超他人而练习，久而久之就会成瘾。

2. 从小学生所处的家庭环境分析

（1）与父母关系质量。调查发现，沉迷于网络游戏的小学生相当大一部分是与父母一方或与祖父母共同生活，并且与父母关系质量的高低也间接影响了小学生对网络游戏的喜爱程度。与父母双亲共同生活、沟通交流较多的小学生们很少有对网络游戏成瘾的，相反那些父母离异或者留守儿童缺乏与父母的沟通交流并且有不同程度的自卑自闭感者，找不到交往、交流的对象，他们就会把时间花费在网络游戏上，疏于管束，就会成瘾。

（2）父母乐于玩网游。除此之外，小学生特殊的身心发展特点——模仿，也决定了父母是否玩网游也是影响孩子是否对网游成瘾的因素之一。调查表明，成瘾学生的家长自己玩游戏的比例（62.8%）较未成瘾学生家长的比例（43.3%）更高。小学生模仿能力较强，看到父母玩网游的快乐、幸福，会自然而然地接近网游、热爱网游、沉迷网游。

（三）预防小学生沉迷网络游戏的对策

1. 小学生应掌握关于网络游戏的基本安全常识

（1）学生应认识到游戏无限，时间有限。

（2）自觉遵守法律和网络道德规范，遵守未成年人不进网吧的规定。

（3）听从教师及家长的教导和监督，不玩暴力游戏，不玩色情游戏。

（4）在父母或教师的监督下玩网络游戏，但时间不宜过长，以 30 分钟为宜。

（5）提高个人素质，不模仿网络游戏中的不健康内容或情节，不崇拜网络游戏中的虚拟英雄。

2. 倘若现在已依赖网络游戏，小学生们应学会自我调适

（1）及时向教师和父母反映自己的情况。

（2）培养自控能力，让小学生们能够自主地驾驭网络，做网络的主人，而不被网络游戏牵着鼻子走。

（3）培养规划小学生的生活，把学习的时间、读书的时间、锻炼和娱乐的时间等都做个计划，以避免其把所有的时间都用在网络游戏上。

（4）培养对其他事物的兴趣，转移对网络游戏的痴迷，如组成班级乒乓球、羽毛球活动小组、读书小组等，避免小学生把注意力仅集中在网络游戏上。

二、教学设计

【例 1】

网络游戏的是与非

（一）教学目标

(1) 让学生了解网络游戏的危害，懂得正确对待网络游戏、健康游戏。

(2) 培养学生与他人合作交流的能力，让学生体验合作学习、网络探究的快乐。

(3) 引导学生能够不卑不亢地表达自己的观点，正确对待网络游戏。

（二）教学课时

1 课时

（三）教学过程

1. 图片导入、揭示课题

（1） 首先，通过多媒体展示几张网络游戏图片，激起学生学习兴趣。其次，向学生展示因沉溺网络游戏引起的安全事故，引发学生思考。

（2） 教师小结：网络游戏正逐渐受到小学生们的青睐，对此社会各界褒贬不一，那么，为什么会出现这种情况呢？倘若我们身边的同学、朋友沉溺于网络游戏，我们应该怎么帮助他们远离网络游戏呢？今天我们就一起来学习“网络游戏的是与非”这一课。

2. 学生交流、探究课题

（1） 首先，问小学生们喜欢玩网络游戏吗？如果玩，每天玩几个小时呢？都玩什么游戏呢？为什么会喜欢玩网络游戏呢？小学生玩网络游戏正确吗？

引导学生自由发言，了解他们对待网络游戏的态度及基本情况。

（2） 通过展示小学生沉溺网游事故的案例，请大家观看后，让学生畅所欲言，说出网络游戏对我们的影响都有哪些，播放课件，展示更加丰富的相关文字、图片和视频资料，引导学生不卑不亢地表达自己的观点，并使小学生们认识到网络游戏对他们的危害。

（3） 让学生讲述、分享发生在身边的网络游戏安全事故的案例，通过这些案例，让大家交流感受和体会，使学生进一步深化对网络游戏危害的认识。

3. 小组合作、制定对策

学生对网络游戏的是与非有了明确认识之后，我们就要提出远离网络游戏的对策，以预防小学生沉溺网络游戏。在这一环节，可以让学生自己提出建议，教师引导学生进行合理补充，并且可以分小组进行以体现学生之间的合作交往能力，锻炼小学生与人交往、合作探究的能力。建议如下：

（1） 将班级内的小学生按 5~6 人分成若干小组，让学生自愿或选举一个小组长，负责本小组的工作。

(2) 教师给每一个小组分发纸片，让小组内讨论出的对策写在纸片上。

(3) 规定时间结束后，每一个小组派一名代表上讲台与大家分享他们的对策。

4. 归纳总结、畅谈收获

引导小学生交流学习本课后的感想和收获。

教师总结：让学生通过自己的研究去更多地了解网络游戏，认识到网络游戏所带来的危害，希望同学们能够远离网络游戏，健康、快乐成长。

5. 布置作业、巩固认识

让学生借助图书馆、多媒体等媒介途径搜索国家颁布的有关网络游戏的法律条文，并形成文本作业上交。进一步巩固学生对网络游戏危害的认识，从而远离网络游戏，并让学生养成文明上网、安全上网的好习惯。

【简要评析】

小学生由于其自身的身心发展特点，对事物是与非的概念模糊，教师则一改以往传统说教的方式，以学生喜闻乐见的图片、音频、视频等方式并加以讲述身边的相关故事，调动了学生学习的兴趣和积极性，并且本教学设计目标的陈述中，详细列出小学生在本课进行或结束后需学习到什么抑或达到何种标准，目标的确立以让小学生了解网络游戏的是与非为主，不仅将此年龄段学生对此部分学习内容加以把握，而且也充分考虑了作为教学对象的小学生的初始能力与教学起点的问题，对小学生已有学习特征的分析与把握符合教育教学的理念。

【例 2】

健康网游　健康生活

（一）教学目标

(1) 引导学生正确看待网络游戏，掌握预防沉迷网络游戏的策略，有节制地玩游戏。

(2) 引导学生体验情境，学以致用。

(3) 培养学生积极对待网游的良好态度和情感价值观。

(二)教学课时

1课时

(三)教学过程

1. 场景再现、引出课题

教师课前制定一项游戏规则，将全班学生分为6组，一组为一个游戏王国，分别为（弓箭手救小人、泡泡堂、逗猴儿笑、冒险王、三国杀、QQ幻想），每个游戏王国派两名同学守关，一名同学举游戏王国牌，一名同学举充气锤子，想要玩游戏者发出类似于这样的请求：“您好，请您让我进（三国杀）游戏王国吧！”

守关者自行决定是否让请求者进入，可以适当问一些问题，例如，你为什么想玩这个游戏？你要玩多长时间？待请求者回答并获得满意后方可进入。

教师小结：这些年随着我国GDP水平的不断上升，计算机进入每家每户。今天，我们把网络游戏搬到我们的课堂上，可以看出大家同样玩儿得都很开心。游戏是我们日常的一种生活方式，也是我们的天性。所以我们今天的课题就是：健康网游、健康成长。

2. 小组讨论、主题探究

教师提问1：同学们平时都玩什么游戏呢?

可以在多媒体上向学生展示大家的结果，这样更能调动学生参与教学的热情。

教师提问2：同学们在玩游戏的过程中发生过什么令你特别难过或者特别愉悦的事情吗?

让学生讲述曾经发生过的令人难忘的事情。这可以锻炼学生的胆量、叙事能力。讲述的过程中会让学生的大脑处于兴奋状态，会让学生想起很多东西，如体验到成功的快乐，因成功而获得的自信，因父母反对的苦恼，因有次玩得太晚而第二天上课睡觉，等等。

教师小结：听了几位同学玩网络游戏的故事，我们知道了网络游戏确实有很多好处，也给大家带来了很多快乐，但刚才也有同学诉说了玩游戏的一些烦恼。

播放事先准备好的几段视频（包括：家长反对玩游戏，沉溺游戏后成绩下降、上课睡觉，沉溺游戏后偷窃、打架，等等）。

教师提问 3：通过观看视频，让学生联系自己的实际，说说玩游戏的坏处：为什么家长反对大家玩游戏呢?

这一环节，仍然是让学生分成 6 个小组，每组选出一名组长，负责本小组的谈论工作。各个小组单独谈论，并将结果写在纸片上。最后小组内派一名代表列举出本小组的讨论结果。教师统一将结果展示在多媒体上供大家查看。这一环节中，教师要引导学生发散思维，尽可能多地列举。

学生给出的结果中可能会有：

（1）会使学习成绩下降。

（2）玩游戏很费钱，如充游戏卡、充 Q 币等，而且令家长担心、伤心等。

（3）长时间玩，影响视力，影响身体健康。

（4）会减少与同学玩耍的时间。

（5）影响与父母的关系。

（6）如果是暴力游戏的话，会让我们犯罪。

教师小结：网络游戏给我们带来了很多不良影响，但是，并不是所有的网络游戏都使我们玩物丧志。在玩的过程中，我们要把握好玩的“度”，处理好游戏与学习、游戏与生活的关系。因此，下面就让我们共同制定出玩网络游戏的规则，让我们健康网游、健康成长。

3. 师生互助、共建规则

教师语：2004 年，中国青少年网络协会公布了《绿色游戏推荐标准》，现在，我们共同制定玩网络游戏的规则，让我们健康网游、健康成长。这一环节，仍然是让学生分成 6 个小组，每组选出一名组长，负责本小组的谈论工作。各个小组单独谈论，并将结果写在纸片上，最后小组内派一名代表列举出本小组的讨论结果。教师统一将结果展示在多媒体上供大家查看。

这一环节中，教师要引导学生发散思维，尽可能多地列举。

师生讨论的结果可能有以下几项。

第一条：切勿到网吧游戏厅，远离不良网络游戏。

第二条：不可将网络游戏当作一种精神寄托而沉溺其中。

第三条：远离暴力、色情的网络游戏，可以玩一些益智类的小游戏。

第四条：玩游戏时间不可过长，一般以30分钟为宜，不超过一小时。

第五条：玩游戏前后要洗手洗脸，讲究卫生。

第六条：玩游戏一段时间后，要让眼睛休息一会儿，做做眼保健操，保护好我们的眼睛。

4. 回顾总结、畅谈收获

引导学生交流学习本课后的感想和收获。

5. 布置作业、强化认识

让学生反思自己以前在玩网络游戏时对父母的态度，让学生写一封给父母的信。引导学生学以致用，借此强化学生远离网络游戏，拥有健康网游、健康成长的意识和观念。

【简要评析】

教学设计的作用是指导教学，对一份教学设计的评析一定首先要考虑教学设计的全面性，从本教学设计的整体性来看，不仅有教学知识（网络游戏的危害及预防策略）的体现，还有教法（讨论法、情景教学法、小组教学法）的设计，更有学法（探究学习法、合作学习法）的指导，以及时间（本课的课时、小组讨论探究时间）安排。其次，要考虑教案的实用性，既是对教学对象、教学内容的分析，本课以场景游戏导入适合小学生爱玩游戏的天性，本课创设愉悦的教学环境、设计探究互动的教学方法符合小学生好动、活泼、好奇、爱表现的特点；内容处理上以简单了解其危害，以引导小学生小组合作制定规则为主。

三、教学素材

相关案例

据报道，某市的一个非法游戏厅发生重大火灾，当场死亡7人，另外10人被送往医院后经抢救无效也相继死去。死者绝大多数是小学生。

经初步调查，发生火灾的游戏厅是一名退休职工非法开办的，业主将电脑游戏厅门窗封死，仅留一秘密通道进出，因游戏机工作时间过长，电路起火导致这场火灾。一般非法游戏厅及网吧为躲避检查，地点都比较隐蔽，消防设施及安全通道都不到位。

2013年，家住福州仓山区仓前街道某小区的小李，是一名小学五年级的学生，从今年暑假开始，小李就染上了网瘾，每日沉迷网于络游戏，三餐不顾、作息颠倒。

8月12日中午，到了吃饭时间，小李仍在打游戏，李妈妈多番叫唤，小李无动于衷，李妈妈一气之下剪断了网线。李某恼怒不已，与母亲起了争执，之后他独自跑进房间，并向福州仓前派出所拨打“110”报警称遭遇家庭暴力，被家长殴打虐待。仓前派出所民警到场后，询问李妈妈是否有家庭暴力，这让她一头雾水。经询问，李妈妈这才明白儿子瞒着她报了警。这时，小李躲在房间内，民警和李妈妈劝了半天后，他才出来。

小李走出房间后，民警仔细查看，小孩身上并没有伤痕，问他为什么乱报警，小李说：“因为每次玩网游都被妈妈骂，还威胁要打我。”

李某接着又对民警说道：“现在谁都玩网游，凭什么就管我！”眼见李某毫无悔意，民警们便对李某进行了苦口婆心的批评教育，用现实案例指明沉迷网络的严重危害。同时，民警也劝导李某的母亲，作为家长要多与孩子沟通，引导孩子树立正确的价值取向，永不妥协地坚持帮助孩子改掉不良习性。

2006年，河南省周口市小学生张某，父母长期在外打工，他跟随爷爷奶奶一起生活。此前张某一直是品学兼优的好学生，但父母不在身边，疏于管教，受身边同学玩网络游戏的诱惑，为了与他们成为哥们、死党，于是就跟随别人沉迷网络游戏。甚至逃课、偷钱去网吧玩游戏，受网络游戏的影响，最后竟然爬上市中心大厦楼顶模仿网络游戏人物造型，带着他对“武林盟主”的无限敬仰纵身跳下，当场身亡。

四、知识链接

国外防止孩子沉迷网络游戏的措施

美国：游戏软件按年龄分级，对美国学生来说，网络游戏既是天使，又是魔鬼。

法国：家庭公约限制上网。上网已成为法国孩子首选的娱乐方式，法国孩子上网大都在家里和学校。

韩国：网吧计算机有屏蔽软件，在“学而优则仕”思想相当浓厚的韩国，家长们对孩子的学习要求严格。

日本：游戏网吧税率高，专门供人玩在线游戏的地方，经营场所征收的税很高，所以很少有人经营网吧、游戏厅。

英国：课余活动占去上网时间。英国孩子的课余活动相当丰富，并且他们的作业负担比中国孩子轻得多，所以可以尽情参与各类课外活动。在小学，老师还会给学生开列课外阅读的书单，供学生娱乐消遣，增长知识。英国的家长则经常在周末带着孩子去上各种兴趣班。鉴于网络对学生的影响越来越大，而且上面的不良信息很多，小学生的分辨能力和抗诱惑能力不强，英国政府2009年12月8日宣布，从2011年开始，网络安全教育将成为英国中小学的必修课。届时，英国所有中小学将全面实行“绿十字互联网安全守则”教育，其内容主要包括：第一，学校要教育学生不轻易在网上公布个人信息；第二，学校要教会家长和学生如何识别及过滤不健康的电子邮件；第三，学校及家长要教育监督学生不登录浏览色情网站；第四，教育学生一旦发现不良网站，要及时向老师、家长及警方报告。

第二课　网络暴力要远离

一、教学内容

在人类历史中，暴力行为一直存在，并随着大众媒介的产生和发展，暴力文化也应运而生并得到广泛推广。当然，我们也不能否认，网络正逐渐成为民众获取新闻信息、讨论社会公共事件的主渠道。然而在虚拟、混杂的网络环境下，我们无法辨认某些网络信息的真实性，肆意进行评论与跟帖，于是“网络暴力”一词迅速产生。所谓的网络暴力是指：行为人针对未经证实或已经证实的网络事件，在网上发表具有攻击性、煽动性和侮辱性的失实言论，或者在网上公开当事人现实生活中的个人隐私，对当事人及其亲友的正常生活进行行动和言论侵扰，致使其人身权利受到损害的行为。①

根据央视网曾经针对“哪些行为属于网络暴力”进行的在线调查显示:25.36% 的认为“在网络上散布谣言进行人身攻击”；21.55% 的认为“网上传播他人的隐私”；17.09% 的认为“对自己也不太清楚的事件进行评论甚至道德审判”；15.73% 的认为“人肉搜索”；13.91% 的认为“虽然说的不是谣言但进行了人身攻击”；6.36% 的认为“针对某公众人物进行客观批判，令当事人感到压力”。②由此可见，网络暴力正以星火燎原之势席卷我国民众的头脑，特别是对相对缺乏辨别能力的小学生，易成为网络暴力的受害者或传播者。

---

①周利群.浅析“网络暴力”[J].法制与社会，2008（10）.

②央视网，http://www.cctv.com/vote.secl0179.shtml.

（一）网络暴力对小学生的危害

1. 不利于“三观”的形成

高年级的小学生们正处于人生观、世界观、价值观的形成阶段，由于他们的生活阅历浅、辨别是非的能力不强，在缺少法律监管、道德约束的虚拟网络里，容易陷入思想误区，并使社会主导意识形态和价值观受到冲击与弱化，严重影响小学生“三观”的形成。

2. 不利于正确人生态度的养成

现在网络暴力事件频发，小学生无意中会被他人利用成为网络暴民。他们不会追究事件的本末，更不会对他人是否受伤害或者谁是受害者表示关心，逐渐对他人失去同情心和爱心。更有甚者会逐渐形成无聊的看客心理和冷漠情绪，进而导致冷漠的人生态度。

3. 不利于道德法制观念的形成

网络舆论的激烈交锋，一些网民认为，网络暴力并没有什么危害性，并想当然地将网络作为肆意谩骂、恐吓、发泄的平台。再加上小学生辨别能力弱，易模仿他人，从众心理严重，进而接受并模仿这种行为，淡化了道德法制观念。其实，“网络暴力”对道德法制规范形成巨大的威胁，聚众不理智行为时有发生，对个人和社会的合法权利构成严重威胁。①

4. 易诱发现实暴力

网络暴力言辞激烈、态度极端、过于情绪化。随着网民对某一事件的持续关注，极易导致网络暴力事件的升级，即一些网民不满足于仅仅通过网络对当事人进行穷追猛打，转而对他人进行现实的骚扰和攻击，致使网络暴力在现实中延续，给他人造成精神压力，情况严重的，可能会引起群发性事件。

（二）小学生易遭受网络暴力侵害的成因分析

小学生易遭遇网络暴力的伤害的成因，从小学生特殊的心理特点分析，主要有以下几个方面。

---

① 聂培尧，孙枚，文卉.“网络暴力”对大学生的危害及对策[J].当代教育科学，2011（21）.

1. 盲目从众心理

所谓的从众心理，是指个人受到外界人群行为的影响，而在自己的知觉、判断、认识上表现出符合公众舆论或多数人的行为方式，从众心理是大部分个体普遍具有的心理现象，[①]并且小学生的思维简单、思想单纯，辨别能力不强，遇到网络舆论事件一般难以形成自我理解，因此容易产生盲目的冲动和冒险行为。

2. 道德意识和法制观念淡薄

高年级阶段的小学生仍然处在基础教育的启蒙阶段，他们的知识面狭窄，自控性较差，对网络上的一些不良信息或事件没有独立的判断能力。在浏览网络信息时，他们往往仅仅依靠自己的兴趣点、好奇心随性而为，看自己想看的，听自己想听的，并不考虑外在的法律约束和道德谴责。因此，小学生们长期处在这样一种不良的网络环境当中，再加上他们道德意识模糊，法制观念不强，在网络中可能会成为网络暴力的受害者。

（三）提高小学生远离网络暴力的策略

网络暴力问题已成为一个全社会关注的热门问题，小学生由于其自身发展的特殊性，极易成为网络暴力事件的追随者和受害者。而要缓解这一现象的出现，从根本上来说是网络道德的问题。因此，我们要加强对小学生的网络道德教育，让小学生们识记网络道德规范，从根本上提高小学生的网络道德水平，彻底远离网络暴力。

1. 小学生应了解并掌握必要的网络知识，做到自觉文明上网，远离网络暴力，抵制其不良影响

（1）树立正确的网络观念，把网络作为学习知识和培养情操的途径。

（2）网络是虚拟的，有些信息难以辨认其真实性。

（3）不发表反动、低级下流的言论，不传播有害信息。

（4）不去主动搜索不良内容，不点击微博、微信中的不良链接。

---

① http://baike.baidu.com/link? url=w43Rzr-07yzTXYlO1VcxlPzW-RFk3cNrwyzrwPKfe1H-2HlFmx0exmVEqwZFrbBjCYsEF067NJR7NjrFvBJ2jq.

（5）不过度浏览非儿童网站信息，常用的儿童网站有：雏鹰网、童网、中青网、中华童趣网、毛毛先锋网、哈利·波特中文网、小鬼网络、乐友网、迪士尼网等。

（6）个人计算机要安装过滤软件，常用的浏览器和安全软件有：国家安全部门监制的“学生浏览器”、卡巴斯基全功能安全软件、护花使者软件、费尔网络监护专家软件、绿坝–花季护航软件等。

（7）遵守社会公德、公民道德基本规范和《全国青少年网络文明公约》。

2. 小学生应多参加社会实践活动，加深对社会的认识，矫正网络暴力

小学生长期在学校与家庭中学习与生活，与社会接触较少，并且对社会的认识也是通过网络进行的，带有一定的片面性与理性化色彩。因此要接触社会、深入社会来加深小学生对社会的认识。例如，可以通过敬老院的与义务劳动、少先队组织的竞赛活动、小学生调研活动等，通过亲身体验，树立对事物的科学、理性的观点，学习客观全面地看待问题，提高小学生辨别“网络暴力”事件的能力。

3. 小学生应学习并遵守相关的道德规范和法律知识，规范小学生的上网行为，使他们养成良好的上网习惯

组织学生学习《全国青少年网络文明公约》普及法律知识和有关规定，用道德这种无形的约束力去引导规定学生的网上行为，使他们养成良好的上网习惯，自觉地遵守网络法规或有关规定，文明上网、依法上网。

4. 小学生要学会养成良好网络道德行为习惯的方法，避免网络暴力事件的发生

（1）树立正确的人生观、价值观，分清事物的好与坏、是与非、善于恶、美与丑。

（2）学习并遵守社会公德、公民道德基本规范和《全国青少年网络文明公约》。

（3）学习并掌握国家的法律法规，增强自身法制观念。

（4）加强道德修养，提高自律能力，抵制垃圾信息的消极影响。

（5）不登录不良网站，要登录官方、大型、内容健康的网站。

（6）远离“暴力”的游戏与信息。

（7）为计算机安装垃圾信息过滤软件，将不良信息拒之门外。

（8）丰富小学生的课余生活，培养健康积极的兴趣和爱好。

（9）在网上发现或收到垃圾信息和邮件要向公安网监部门举报。

二、教学设计

【例1】

网络里的虚拟世界

（一）教学目标

(1) 了解生活中常见的虚拟事物，理解并区分网络里的虚拟事物与现实生活当中的现实事物之间的联系，并了解网络暴力给自己、家人、他人和公众带来的伤害。

(2) 客观认识到网络方面和我们生活的同时，也在考验着我们的道德行为，我们要树立发挥网络的积极影响，抵制消极影响的观念。

(3) 了解并遵守《全国青少年网络文明公约》，培养小学生的网络道德和法律意识，并形成正确的网络道德观念，去评价各种网络行为，以期待让小学生养成良好的上网习惯。

（二）教学课时

1课时

（三）教学过程

1. 教师提问，导入新课

教师提问1：随着科学技术的发展，网络在我们的日常生活中越来越受到重视，运用也越来越普遍。我们可以在网上“偷菜”、开视频、网购、打游戏、学习知识、搜集资料等。那么在我们的网络行为当中有哪些是虚拟事物呢？虚拟事物对我们的生活有什么影响呢？网络当中的虚拟事物与现实生活当中的现实事物有什么区别和联系呢？

学生思考讨论，教师导入新课。

(板书课题：网络里的虚拟世界)

设计意图：教师发问，引起学生注意，引导学生积极思考，激发学生的学习兴趣和探究热情。

2. 学生探究、师生互动

(1) 首先，让小学生了解网上有哪些虚拟事物，可以通过多媒体播放两个典型的网络暴力资料，如“高跟鞋踩猫”“铜须门事件”。引导小学生通过悟、读、谈，更加清晰认识网络中的“暴力”。

教师提问 2：想一想这两个案例分别讲述了什么内容，除此之外，你们还在网络上见到哪些虚拟事物呢？大家可以飞速转动小脑袋独立思考或与其他同学讨论，尽可能多地列举网络上的虚拟事物。

学生思考讨论，教师积极引导，师生共同列举。

教师提问 3：同学们刚才的表现都很好，希望同学们继续保持。

那么，同学们刚才列举的虚拟事物对我们的生活是有用还是用处不大呢？那同学们能不能鉴别出来，哪些虚拟事物是值得我们充分利用的，哪些是我们尽量要避免的呢？按 5~6 人分为一个小组，小组内讨论交流列举各自的看法，然后小组内派一名代表与大家分享成果。

学生合作讨论交流，教师积极鼓励引导，小组分享探究成果。

教师小结：同学们要学会一分为二地看待问题，对于网络要正确认识虚拟世界的利与弊，学会充分利用虚拟世界的优势，抵制虚拟世界的消极影响，远离虚拟网络的不道德行为，做健康的小网民。

设计意图：通过探究活动让学生正确地认识虚拟世界，学会理性地对待虚拟世界。引导学生建立网络道德观念，强化网络道德意识，远离色情、暴力等不健康的网络信息。

(2) 其次，请学生参照多媒体打出来的“网络行为和现实行为的对照表”填写自己的真实情况，并引导小学生分析网络行为与现实行为为何会有如此大的差别，以期待小学生养成良好的网络行为习惯。

教师提问 4：同学们已知晓自己网络上与现实中的行为差别的原因，那么作为一名小学生，我们需要了解并遵守国家法律规定的“网络文明公约”来培养我们的道德和法律意识，约束我们的网络行为。那么同学们知道哪些网络道德规范？

引导学生思考并列举网络道德规范，重点让学生了解、铭记、遵守《全国青少年网络文明公约》。

教师小结：同学们要知道我们在网络上的网络行为是现实生活当中现

实行为的一种延伸，现实中要遵守的道德，网络上我们也要遵守。并且我们还要铭记并遵守有关网络道德的一些法律规定或规范，特别是《全国青少年网络文明公约》，让我们生活学习在一个健康的网络环境之中，争做健康的小网民，从我们每一位小学生做起。

设计意图：采用探究活动和讨论的形式，活跃课堂气氛，激发学生思考。

3. 课堂小结，畅谈收获

引导学生归纳今天所学新知，让学生畅谈收获，巩固学生对《全国青少年网络文明公约》的再认识。

教师小结：网络作为一个虚拟的社会系统，同样受到道德和法律的约束和制裁，良好的网络环境需要每一个网民自觉维护，一个健康的网络环境能让我们安全、舒心地享受技术带来的便利，让每一个网民受益。所以我们小网民要自觉遵守“文明公约”，远离垃圾信息，养成良好的网络道德行为习惯。

设计意图：培养学生归纳总结能力，锻炼学生语言表达能力，检测学生学习能力。

4. 布置作业，学以致用

引导学生参照《全国青少年网络文明公约》的内容检测自己的网络行为，引导学生搜索其他的有关网络道德规范的资料，让学生集思广益办一期规范小学生上网行为的黑板报，让小学生牢记网络道德规范，规范自己的网络行为。

【简要评析】

首先，本教学设计排除了以他人教学设计或参考书为原型这种落入俗套的设计理念，从教学目标的确立到课外作业的布置，始终将信息技术与网络道德结合而行，并在全文以虚拟世界为引线，对小学生于无形中进行网络道德的教育，体现了教育者的独特智慧，使本教案体现出较高的艺术性与独特性。

其次，本教学设计的教学过程也不失理性：教师提问（激起学生兴趣，引发学生思考）—师生探究（学生合作讨论交流，教师适时鼓励引导）—畅谈收获（学生归纳总结，教师巩固检测）—学以致用（布置作业，灵活迁移），四个步骤环环相扣，由现实到虚拟，从理论到实践，都在规范小学生的网络道德。

【例2】

网络生活里的道德要求

（一）教学目标

(1) 了解网络不文明行为，懂得规范自己的网络道德，避免网络暴力的发生。

(2) 引导学生自主制定网络道德要求的过程中，培养学生学会解决问题的方法。

(3) 培养学生观察、解决问题的能力，树立网络道德意识。

（二）教学课时

1课时

（三）教学过程

1. 导入新课

网络生活是我们日常生活的重要组成部分，网络生活里的道德要求也应该引起小学生的关注，教师要鼓励小学生自主学习国家颁布的网络法律道德规范。可以结合小学生的网络生活，让小学生讲述自己的网络生活；也可以把一些因为违反网络道德要求而发生的安全事故和案例制作成幻灯片进行播放，让小学生围绕事故发现问题，分析原因，引入本节课的内容。

2. 学习新知

本节课主要由两部分组成：一是通过课件了解网络十大不文明行为，二是通过小学生主动参与来自主制定几条网络道德要求。

(1) 了解网络十大不文明行为。可以通过图片、幻灯片或者多媒体等课件，向小学生展示一些他人的网络行为，让小学生看一看、想一想，哪些是文明行为，哪些是不文明行为。或者让小学生结合自己的网络行为谈谈自己的认识，然后让学生观看并向学生讲授10万网民选出的十大网络不文明行为，让小学生了解这些不文明行为。最后让小学生思考对这些不文明行为的出现及由此造成的安全事故应该怎样避免。

10万网民投票选出的“网络十大不文明行为”[①]： ①传播谣言、散布虚假信息；②制作、传播网络病毒，“黑客”恶意攻击、骚扰；③传播垃圾邮件；④论坛、聊天室侮辱、谩骂；⑤网络欺诈行为；⑥网络色情聊天；⑦窥探、传播他人的隐私；⑧盗用他人网络账号，假冒他人的名义；⑨强制广告、强制下载、强制注册；⑩炒作色情、暴力、怪异等低俗内容。

(2) 自主制定网络道德要求。由于小学生对《全国青少年网络文明公约》及网络不文明行为有了较为清晰的认识，因此接下来主要是引导小学生自主制定网络道德要求。

①正确使用网络工具。教师根据现实生活中的实际情况列举小学生沉溺网络游戏、浏览色情网站等情况，让学生想象这种情况易造成怎样的后果，并引导小学生思考对于网络应该如何利用。

②健康进行网络交往。组织学生观看相关案例，或者让学生谈谈自己与网友的故事，引导学生总结出在虚拟的网络生活里应该怎样进行网络交往，应注意哪些事项。教育学生应树立自我保护意识，不要轻易相信、约会网友，避免上当受骗。网络交往要做到诚实无欺，不应该通过网络进行色情、赌博活动，更不能侮辱、诽谤他人。引导学生自己总结出怎样进行健康网络交往。

③自觉避免沉迷网络。可以通过教师讲授沉迷网络的危害，或者让学生观看相关视频，或者让学生自主讲述发生在身边的相关故事。让学生明了适度的上网对学习和生活是有益的，但长时间沉迷于网络对人的身心健康有极大损害，然后教师可以让学生分小组合作讨论沉迷网络的应对措施，进而引导学生总结出应自觉避免沉迷网络。

④养成网络自律精神。教师根据日常现象讲授自律精神，并引出网络生活也是如此，让小学生踊跃发言自律精神的养成需要怎么做，进而引导小学生要养成网络自律精神。

3. 巩固认识

让小学生畅谈本节课的收获，请学生回忆并正确说出网络生活里的道德要求。

---

①http://www.dhcc.cc/jxb/2013/10/8900_1.shtml.

4. 布置作业

请小学生写一篇小文章，题目自拟，主要写如何规范自己上网行为相关的内容即可。

【简要评析】

如何评析教学设计的好与坏，一般应该看教学过程中是否强调了四个基本要素，即教学目标的确定、教学对象学习特征的分析、教学资源的分析、教学评价的分析。首先，目标确立从了解、懂得、培养、树立到掌握，层层递进，既有知识技能又囊括情感态度价值观。其次，小学生原有知识与学习经验中已有网络行为的基本概念及行为特征，在考察分析基础上提炼出本课的学习新知，较好地体现了对学生学习特征的分析。再次，生活中有关网络道德的资源丰富，精选文字、图片和音视频素材，给学生多种感官的冲击。最后，针对教学评价，先总结回顾再布置作业，都暗含有师生对本节课的评估。

三、教学素材

相关案例

陕西 2008 年 5 月 20 日，西安学生小贾通过个人计算机攻击陕西省地震局网站，并侵入页面发布“今晚 23 时 30 分陕西等地有强烈地震发生”的不实信息，结果被雁塔区法院以编造、故意传播虚假信息罪，判处有期徒刑一年零六个月。

北京 2009 年 3 月，就读小学六年级的外来务工子弟东东和旭阳因疏于管教，逐渐迷恋菜市场旁边的网吧，沉溺于暴力的网络游戏虚拟世界中。家境的不宽裕加上游戏的诱惑，一日，两人遂生歹意模仿游戏中的情节劫持低年级的学生，结果被学生家长发现告到学校，学校依规令其退学。

云南 2011 年 10 月，就读五年级的小美同学经常与同学邮件联系，一日，她发现邮箱里有一封新的邮件，仔细查看后是同学发来的。小美急忙打开发现是一封“串连垃圾”信，内容是“兔年不吉，扎条红腰带。务必将此信传给66位认识的朋友，否则将有血光之灾”。本来就胆小的小美看到这条信息后就开始莫名其妙地紧张出冷汗，抑制不住的恐惧促使她还是转发了此信息。结果收到此信息的同学也如小美一样忧虑，发与不发的问题时刻困扰着他们，以致他们晚上失眠、白天精神不佳，影响了正常的学习与生活。

四、知识链接

（一）《全国青少年网络文明公约》

要善于网上学习，不浏览不良信息。
要诚实友好交流，不辱骂欺诈他人。
要增强自护意识，不随意约会网友。
要维护网络安全，不破坏网络秩序。
要有益身心健康，不沉溺虚拟时空。
要树立良好榜样，不违反行为准则。

（二）《文明上网自律公约》

自觉遵纪守法，倡导社会公德，促进绿色网络建设；
提倡先进文化，摒弃消极颓废，促进网络文明健康；
提倡自主创新，摒弃盗版剽窃，促进网络应用繁荣；
提倡互相尊重，摒弃造谣诽谤，促进网络和谐共处；
提倡诚实守信，摒弃弄虚作假，促进网络安全可信；
提倡社会关爱，摒弃低俗沉迷，促进少年健康成长；
提倡公平竞争，摒弃尔虞我诈，促进网络百花齐放；
提倡人人受益，消除数字鸿沟，促进信息资源共享。

（三）《文明上网规范要求》

（1）严格遵守《计算机信息网络国际联网管理暂行规定》《互联网信

息服务管理办法》等国家法律、法规。恪守网络道德，文明上网。

（2）自觉遵守有关保守国家机密的各项法律、规定，不泄露党和国家机密，或传送有损国格、人格的信息；禁止在网络上从事违法犯罪活动。不制作、查阅、复制和传播有碍社会治安及社会公德和有伤社会风化的信息。不得发表任何诋毁国家、政府、党的言论，不得发表任何有碍社会稳定、国家统一和民族统一的言论。

（3）不得擅自复制和使用网络上未公开和未授权的文件；不得在网络中擅自传播和拷贝享有版权的软件，或销售免费共享的软件。网络上所有资源的使用应遵循知识产权的有关法律、法规。不利用网络盗窃别人的研究成果和受法律保护的资源。

（4）不得使用软件的或硬件的方法窃取他人口令，非法入侵他人计算机系统，阅读他人文件或电子邮件，滥用网络资源。不得制造和传播计算机病毒等破坏性程序。禁止破坏数据、破坏网络资源，或其他恶作剧行为。

（5）不在网络上接收和散布封建迷信、淫秽、色情、赌博、暴力、凶杀、恐怖等有害信息。不得浏览色情、暴力、不健康的网站网页。

第三课　网络信息勿泄密

一、教学内容

网络信息泄密是指将那些以电子数据形式呈现出来的文字、图像、声音、动画等各种形式的信息泄露出去，从而对自身、他人、家庭及社会造成损害。特别是近些年，随着网络信息技术的发展和日益深入应用，我们已在不知不觉中进入了信息时代，整个社会和个人的事务越来越依赖网络信息系统。然而，随之而来的高科技犯罪活动也开始在网络蔓延。据称，大部分是由于当事人无意之中透露了个人私密信息或个人信息被盗而酿成大祸，进而影响人们的学习和生活，如 2009 年 3 月 15 日，央视曝光的信息科技网海量盗窃个人信息事件，说明了个人信息泄露严重。根据《第 28 次中国互联网发展状况统计报告》显示，2011 年上半年，有过账号或密码被盗的网民达到 1.21 亿人，占网民总数的 24.9%。可以说，中国每一秒钟都有人在网络上泄露个人信息，每五分钟就有一个人因个人信息泄露而使自身利益受损，每年都有人要总结十大网络信息泄密事件。根据中国互联网信息中心发布的《2012 年中国网民信息安全状况研究报告》，在总体网民中，有 84.8% 的网民遇到过信息安全事件，总人数为 4.56 亿，在这些网民中，平均每人遇到 2.4 类信息安全事件。小学生由于其自身特殊心理发展特点，我们要从小学生开始，就让他们了解个人网络信息泄露的途径，掌握保护个人信息的方法，让小学生从小养成一个好的上网习惯，提高自身的网络道德素养，做一名文明小网民。

（一）小学生应了解泄密网络信息后的危害，进而提高自己保护网络信息的意识①

1. 垃圾短信源源不断

个人信息被泄密后会无故接收到不计其数的垃圾短消息。

2. 骚扰电话接二连三

不法分子截取你的个人信息后会编撰出各种理由约你见面抑或诱惑你消费。

3. 垃圾邮件铺天盖地

不法分子及公司获取你的个人信息后会向你发送携带有病毒的文件并诱惑你下载以实现对你计算机的远程控制。

4. 冒名办卡透支欠款

不法分子利用你的个人信息办理信用卡并透支欠款，银行部门或公安部门会依据身份信息向你索要还款及赔偿。

5. 冒充公安要求转账

个人信息遭遇泄密，不法分子会冒名顶替公安说你的家人或是朋友因违法正在派出所，要你立即打钱或转账，若是不核实信息的真实性，就会中其奸计。

6. 个人名誉无端受毁

不法分子利用窃取到的个人信息做一些违法乱纪的事，这样相关部门就会顺藤摸瓜找到你的身上，你的名誉就会无端受毁。

7. 案件事故从天而降

不法分子利用你的个人信息办假身份证做违法乱纪的事，公安机关或交通管理部门可能会依据身份信息找到你。

8. 不法公司前来诈骗

不法公司获取你的个人信息后编出耸人听闻的消息，甚至对你朋友、同学或亲戚的信息了如指掌。在你心神不宁之时，会做出错误判断，在慌

① http://zhidao.baidu.com/link？ url=q5VAotc1FDw6X2aUMZNyxfHL–HKfrzs2pXHR0xZAmN3d1ee4sVINTWXkoDUQTsqnvjMOgPq21B2apgRVhx_vt_.

乱中上了骗子的当。

9. 坑蒙拐骗乘虚而入

获取你的个人信息后，不法分子会冒充你的朋友、亲戚对你坑蒙拐骗。

10. 账户中的钱款不翼而飞

网上购物后个人信息没有消除，不法分子利用不法手段盗取银行账户和密码后会将你账户中的钱款提取或转账。

（二）小学生易泄密网络信息的原因

1. 从小学生的生理特点分析

（1）上网行为活动频繁。小学生生活简单，且大多是独生子女，没有玩伴玩耍，所以学生在家中往往是做完作业就上网。随着网络信息的发展，小学生在网上学习、购物、与同伴玩游戏、聊天的行为增多，特别是在节假日，小学生常常整天泡在网上。

（2）上网活动特点明显。小学生上网时大多数是与网友聊天、打游戏，父母教师不在旁边监督，网络各类信息交错，网络环境复杂。由于他们正处在成长阶段，身体和大脑发育还很不健全，反应能力、判断能力较差。同时，从一起起涉及小学生网络信息泄露安全事故中也不难看出，儿童缺乏应有的防信息泄露知识。

2. 从小学生特殊的心理特点分析

（1）防范意识淡薄。小学生思维简单，思想单纯，容易相信他人，对个人信息的保护意识不强，容易告知他人。如聊天时告诉他人自己的真实姓名、电话、家庭住址，与陌生网友见面，用真实信息注册等行为，极易诱发网络信息泄露安全事故。

（2）情感表达需要。高年级小学生处于叛逆早期，成绩下滑、家庭关系不和谐、交友受挫等生活小插曲，常使小学生萌生出向陌生人倾诉的情感表达需要，又缺乏警戒意识，致使个人信息泄露，酿成大祸。

（3）法制观念和安全意识淡薄。处于基础教育阶段的小学生由于知识面狭窄，在虚拟的网络世界里充满幼稚的自信，往往是想逛就逛，想聊就聊，想发就发，给了一些不法分子可乘之机。现实生活中，我们也经常见到由此造成的大量违法事件发生。

（三）预防小学生网络信息泄密的对策

1. 小学生应了解和掌握常见的网络行为当中涉及网络信息时需注意的事项

（1）网络交友。①避免使用真实信息注册 E-mail、网名。②不要使用低俗的网名，容易被别有用心的人利用。③不要将个人重要信息，如真实姓名、就读学校、所在班级、家庭住址、联系电话等透露给网友。④不要将父母重要信息、银行账号和密码透露给网友。⑤不要向网友发送自己的照片，不与网友视频聊天，以免照片或视频被截图非法利用。⑥不要轻信网友的话，不要被对方的花言巧语所迷惑。⑦不要私自与网友见面，如若见面，应有家长陪同并选在公共场所。

（2）网络购物。①应在家长同意后或在家长陪同下网购物品。②不要随意将父母的银行卡账号和密码登录到网上。③选择合法的、信誉度较高的网站交易，防止个人账号、密码遗失或被盗。④不要轻信一些虚拟社区、BBS 里面的销售广告，不可贪图小便宜。⑤不要与身份不明的商家进行网络交易。⑥网络交易时，要妥善保存交易记录和相关数据。⑦购物后不要忘记对计算机进行垃圾清理，删除私密信息。⑧收到商品后不要将外包装袋上的快递单随意丢弃。

2. 小学生要避免网络陷阱，防止网络欺诈

在网络这个虚拟的世界里，一些网站或个人为达到某种目的，往往会不择手段，套取网民的个人资料，设置陷阱，进行欺诈。

（1）不要轻易相信互联网上中奖之类的信息。如 E-mail、QQ 号码中奖，通过要求中奖人邮寄汇费、提供信用卡号或个人资料等方式，骗取个人钱物。

（2）不要轻易相信互联网上来历不明的测试个人情商、智商、交友之类的软件。这类软件大多要求填写个人真实资料，往往就是陷阱。

（3）不要轻易用电话号码、手机号码、邮箱号码在网上注册。倘若注册成功后，不但要缴纳高额的电话费，还会受到来路不明的电话、信息、邮件的骚扰。

3. 学生应了解有关网络信息保密的法律法规

（1）《计算机信息网络国际联网安全保护管理办法》第四条：任何单位和个人不得利用国际互联网危害国家安全、泄露国家秘密，不得侵犯国家的、社会的、集体的利益和公民的合法权益，不得从事违法犯罪活动。

（2）《计算机信息网络国际联网安全保护管理办法》第七条：用户的通信自由和通信秘密受法律保护。任何单位和个人不得违反法律规定，利用国际联网侵犯用户的通信自由和通信秘密。

（3）其余的还有《全国人民代表大会常务委员会关于维护互联网安全的决定》《互联网安全保护技术措施规定》等。

4. 学生应掌握发生网络信息泄密事故后的应对措施

一是自己收到敲诈信息要求转账、汇款时要及时告诉父母、老师，以免自己精神和财产受损。

二是自己财产无端受到侵害时，应及时向公安机关报案，让不法分子受到应有的制裁，避免更多的人上当受骗。

二、教学设计

【例1】

安全网聊　学会自护

（一）教学目标

(1) 让学生了解几种常见的网络聊天工具：MSN、QQ等，让学生学会辨别个人信息，并且牢记：不要向网友泄露个人信息。

(2) 通过学生的小组合作和独立探索，让学生体验过程，掌握探索方法。

(3) 培养学生自主学习探究的习惯和能力；培养学生创新精神和实践能力，让学生学会与他人合作，尊重他人的意见。

（二）教学课时

1课时

（三）教学过程

1. 师生对话，引入课题

教师在与学生聊天过程中询问小学生们是否有过网络聊天的经历，是否有网友，是否与网友见面等基本问题，并让有过网聊的学生谈谈他们的经历，如聊天的地点、时间、内容、感受等。让小学生认识到他们与未见过面的网友和现实中认识的朋友聊天有很大的区别，进而引入今天的课题。

2. 小组讨论，揭示课题

(1) 首先，通过多媒体让小学生分小组讨论下面列出的哪些是个人信息：①你的姓名；②你的家庭住址；③你所在的学校地址；④你的 E-mail 地址；⑤你的密码；⑥你父母的姓名；⑦你父母所在工作单位；⑧你的照片；⑨你期末考试分数；⑩你期末考试评语。

引导全班学生参与到活动中，激起学生的学习兴趣。同时，让学生了解个人信息的概念：一切直接或间接辨别个人身份的信息，并让学生对照上面的定义重新衡量。

(2) 其次，通过多媒体让小学生阅读下面的小故事，让学生想一想、谈一谈读后的感受，简单了解一下学生的反应，并让学生针对故事后面的两个问题展开讨论。

【案例】

张蓉是一名六年级的小学生，她经常通过 MSN、QQ 上网聊天，常与网友谈论一些学校的事情和个人的学习情况。她非常喜欢一个网名叫“帅呆地球人”的网友，每当张蓉遇到学习上问题的时候，“帅呆地球人”都会热情地帮助她，给她出主意，解决她遇到的问题，“帅呆地球人”是个非常好的倾听者。并且他们每次都约定好下次聊天的时间，张蓉认为“帅呆地球人”是个非常好的朋友。

有一天，张蓉与“帅呆地球人”正在聊天，他们正在对比所在学校的不同。

张蓉输入“我们学校的纪律可严了，不准戴首饰，女生不准留长发，不准带手机”。

“帅呆地球人”回复“我们学校可不这么严格，你在哪个学校啊，地址是哪儿？”

A: 张蓉应该怎样回答?

B: 怎样回答更好一些?

这一环节，教师要引导学生积极谈论，使学生认识到网友是陌生人，我们无法知道他（她）的真实姓名、性别、年龄等基本信息，面对他们，应该学会拒绝透露个人信息，同时让学生分小组总结讨论怎样更好地妥善回答:

“那是隐私，我们不要谈论这些。”

“我不能告诉你，那样不安全。”

“我的学校在地球上。”

3. 角色扮演，提高认识

让学生两人一组，扮演聊天的网友，一个问个人信息，另一个要尽量想办法避免泄露个人信息。看谁的回答更安全，更有创意，然后挑选几组到讲台上进行情景模拟，使学生牢记不要向陌生网友透露个人信息。

4. 回顾总结，畅谈收获

引导学生交流学习本课后的感想和收获。

5. 布置作业，巩固认识

让小学生写一篇小短文，描述应当怎样保护自己的网络个人信息，使学生学以致用，巩固认识。

【简要评析】

本教学设计解决了教学中的三个重要问题，堪称是一个优秀的教学设计。第一个问题：学生必须学习到什么？即对目标的确立和内容的选择，目标从三个角度来陈述，内容主要让学生学会如何辨别个人信息及体验灵活应对的过程。第二个问题：为达到预期的教学目标应如何进行教学？即分析教学起点、确立教学策略和教学方法。本教学设计所选案例及所列举的个人信息都在小学生已有的学习经验中，教学方法以师生谈论、开放性问答的方式进行能够激发学生积极思维、贴近学生生活实际。第三个问题：检查和评价预期的教学效果。鼓励学生对本课的归纳总结、畅谈收获，教师对作业的布置批改当属对教学效果的检查与评价。

【例 2】

安全设置密码

（一）教学目标

（1）了解密码被盗的原因，学会掌握安全设置密码的方法，防止信息泄露。

（2）让学生体验团体协作的过程，掌握密码设置的方法。

（3）培养小学生团体协作的意识，培养学生的创新精神和实践能力；引导学生安全上网，养成良好的安全上网习惯。

（二）教学课时

1 课时

（三）教学过程

1. 情景创设，激发情趣

网络安全已成为社会各界关注的一个热点问题，让小学生对照多媒体展示出来的“你在网络上安全吗——网络危险行为小测验”检测自己的行为，激发小学生的学习热情和积极性，提高小学生的自我保护意识。而自我保护首先就是要设置好的密码，进而引出今天的课题：安全设置密码。

【小测验】你在网络上安全吗

——网络危险行为小测验[①]

（1）曾在家长不知情的情况下与网友约会。

（2）经常用真实资料登录网站。

（3）当网友问自己的真实情况时，如实回答。

（4）很少与家长交流自己的网上交友情况。

（5）未经家长允许独自网购物品。

（6）随便点击不知名的网站，并不止一次进入未成年人不宜登录的网站中。

（7）经常进入陌生的聊天室。

（8）上网时间过长，每次上网超过 1 个小时。

---

①郑秋.你会保护自己吗？——身边的安全话题[M].北京：科学出版社，2006.

(9) 经常与一个固定的网友聊天、通信，并对其有着与其他网友不同的、特殊的感情。

说明：假如上述情况有4种或4种以上是符合的，那证明你在网络上的行为会对自己造成潜在的危险，你还缺乏必要的网络自我保护意识。

2. 团体协作，释疑解难

(1) 首先，请小学生观看多媒体播放的有关密码被盗的案例，让学生想一想，引导学生讨论并总结出这几个案例中密码被盗的可能原因。引导学生通过读、悟、谈，认识密码被盗带来的惨痛教训和安全设置密码的重要性。

可能会有：①密码设置强度不高；②密码无意中告知他人；③没有安装杀毒软件；④计算机被黑客攻击。

(2) 通过讲授，让学生明白密码被盗最为主要的原因是：网络攻击者常常把破译用户的密码作为攻击的开始，只要他们猜测或者确定用户的密码，就能获得计算机或者网络访问权，进而能访问到用户能访问到的任何资源。

对密码被盗的网络安全事故有一定的了解之后，让小学生谈一谈自己生活当中是否遇到密码被盗的事情，遇到此事是怎么解决的，并发动全班同学为她（他）提供建议和解决措施。

让学生结合实际谈感受，锻炼学生的语言表达能力和思维想象能力，培养学生团结协作的意识。

(3) 联系实际，密码被盗的事情时有发生，那么我们怎么才能防止密码被入侵呢？让学生分小组交流讨论，最后派一名代表向大家分享本小组的方法，教师汇总展示到多媒体或黑板上，供大家观看并提意见确定是否可行。

保证密码安全的方法：①不要用个人信息设置密码，如生日、名字等。②不要用简单数字设置密码，适当加上控制字符、字母等。③不要将密码写下来。④不要将密码保存在计算机文件中。⑤不要让别人知道。⑥不要在不同系统中使用同一密码。⑦输入密码时，应确认无人在身边。⑧定期改变密码，至少6个月改变一次。

这一环节教师要充分调动学生探究热情，积极引导学生、鼓励学生，发散学生思维和创新能力，让学生在不知不觉中增强自我信息保护意识，掌握安全设置密码的方法。

3. 实践演练，展示评价

让学生利用所学知识现场演练，独立设置几个密码，并让学生互评，检测学生是否掌握安全设置密码的方法。

4. 梳理总结，畅谈收获

教师引导学生梳理本课的知识点，引导学生畅谈本节课的感想和收获。

5. 布置作业

查看自己 E-mail、QQ 聊天工具、MSN、博客等所有的密码是否符合安全要求，如有必要及时做相应修改。

【简要评析】

本教学设计对教学过程这一重点环节的安排与设计甚好！首先，由网络危险行为小测验引入，进而转移到密码被盗、设置密码的课堂中来，不仅达到了“收心”的效果，还能激发学生学习兴趣与探究热情，为后续教学埋下伏笔。其次，本课重点、难点是教会学生如何安全设置密码，此问题对小学生而言较为抽象，教师以自身具体实例去说明并鼓励引导学生积极思考，有助于教学难点的疏解也是教师个人教学智慧及“教学有法而无定法”的具体体现。最后，从全局来看，本教学设计从“导入—释疑—模拟—总结—作业”，整个教学过程设计前后衔接连贯、顺畅，整体性较好。

【例 3】

虚拟网络保安全

（一）教学目标

(1) 认识网络信息事故的危害，掌握安全上网的方法。

(2) 通过整个教学环节，让学生体验解决问题的过程，掌握方法、措施。

(3) 培养小学生网络信息安全意识，提高小学生应对网络信息安全事故的能力。

（二）教学课时

1 课时

（三）教学过程

1. 谈话导入，揭示课题

通过相关网络信息事故的图片、视频导入，引导学生谈感受，体会网络信息事故给小学生的学习和生活带来的危害和影响。

教师小结：随着网络技术的迅速发展，网络信息安全问题也日益受到人们的重视。网络聊天、网络购物、网络办公等都会泄露我们的信息，那么如何才能做到让我们能够安全上网呢？今天我们就来学习“虚拟网络保安全”这一课。

（板书课题：虚拟网络保安全）

2. 真实再现，警钟长鸣

（1）首先请小学生理解相关的网络信息事故案例，让学生想一想，看一看，论一论，这几个案例分别讲述了什么内容？有什么感想？

引导学生通过读、悟、谈，认识密码被盗带来的惨痛教训和安全设置密码的重要性。

（2）请同学们展示在课外收集到的网络信息事故的案例，通过这些案例，大家有什么感受和体会呢？

引导学生展示收集到的文字和图片资料，进一步深化对网络信息事故的认识。

（3）老师在课下收集了一部分关于网络信息的资料，请大家通过多媒体观看，然后分小组讨论交流感受和体会。

播放课件，展示内容丰富、生动的文字、图片、视频资料，引导学生小组内讨论交流。

3. 情景创设，实践演练

同学们了解了网络信息泄露后的危害和泄露途径，那么，我们在上网的过程中怎样才能保护我们的网络信息，以免被泄露呢？下面，就让我们进入“实践演练”吧！

学生小组合作，思考后交流下列问题：

（1）我们在网络聊天的时候，经常碰到什么情况？为什么？

（2）网友向我们索要个人信息的时候，我们应该怎么办？为什么？

（3）网络购物时，我们需要注意哪些安全问题？为什么需要？

创设情境，学生实践演练，教师鼓励引导、学生交流互评，进一步探究缘由。

4. 拓展延伸，巩固提升

(1) 学生思考：我们浏览网页、注册网站时，我们还需要注意哪些安全问题？

重点引导学生根据自己以往实际经验及所学理论知识具体来谈。

(2) 除此之外，同学们知道“网络陷阱”吗？常见的“网络陷阱”有哪些？怎样防备呢？

引导学生自己理解、体会的基础上，组织小组内交流讨论，进一步厘清认识，并轮流让各小组分享成果，这一环节教师要引导学生进行合理补充，并汇总全班的智慧成果于多媒体上，供大家参考。

5. 梳理总结，畅谈收获

教师领导学生梳理本课的知识点，引导学生畅谈本节课的感想和收获。

6. 布置作业，学以致用

查看自己的 QQ 空间、博客等注册的虚拟社区是否有自己的私密照片等信息，不要随意放置照片，进行相应的安全设置（如设置访问权限），防止别有用心的人复制和非法使用。

查看自己是否在一些网络社区或网站公布过多的个人信息，及时删除或更换。

【简要评析】

本教学设计体现了新课改的要求，整个教学以学生为主体、教师为主导来进行活动的设计与开展。特别是在教学过程中导入、再现、演练、拓展这几个关键环节上，教师抛出问题并做好预设，组织学生或小组或集体进行探究，教师适时鼓励引导，师生互助合作共同解决问题，不知不觉中建立了网络自我保护的意识、积累学习经验。此外，在设计上体现出创新性，主要是围绕目标的达成而创新，即在教学过程中，设置许多开放性、发散性问题，教师依据课堂生成的问题进行拓展，并预备应对策略，然而又紧扣主题，体现了教师个体有意识地对活动的效果观测与调整。

三、教学素材

相关案例

2006年，福建一小学六年级学生笑笑和往常一样进入聊天社区，没聊几分钟，一个网名叫“我在等待”的网友要加她为好友，简单的自我介绍后，“我在等待”称要看看笑笑的真面目，笑笑就把视频打开了。而后网友就一直夸笑笑漂亮，笑笑也渐渐放松了警惕。双方聊了各自的学习情况、父母工作、学校生活等，还互留了电话号码。没过几天，同学就告诉她，她的照片被挂在了某交友网站上，等笑笑打开那家网站，发现自己的照片和一些性感女郎的照片放在一起，而照片上的这个姿势正是她上次和“我在等待”视频聊天时的姿势。

2009年，四川省成都市青白江大湾区的小学生王磊，因在校表现较好，获得了“大红花”。王磊的妈妈为了留下这幸福的一刻，就在班级门口拍了一张照，传到了微博上。

结果，照片被同一社区的小混混张立看到，张立根据照片中班级门口表扬榜上的内容，得知了王磊的班级信息。随后张立多次到校门口蹲守，直到有一天，王磊妈妈有急事来晚了，张立就把王磊骗走，并向其家长勒索10万元，王磊妈妈向大湾派出所报警，王磊才被救出。经过审讯，张立交代，他从网上得知王磊信息后便起了歹心，通过查看王磊妈妈的微博内容发现王磊家境殷实，多次蹲守摸清情况后，便对王磊下了手。

2011年，家住柳州市永前路的谭女士与丈夫忙于超市生意，将就读六年级的儿子周书文送到寄宿学校读书。4月7日凌晨，谭女士接到电话，称是儿子周书文的体育老师，书文因半夜突然胃出血在医院急需手术，要谭女士赶紧往医院银行账户上打5000元钱，并告知她银行账号。谭女士与丈夫担心儿子生命安全，即刻赶往儿子就读学校，发现儿子一切正常，夫妻俩才知道这是一场骗局。

谭女士和丈夫一向谨小慎微，百思不得其解自己的手机号和儿子的确切信息怎么会被不法分子利用了呢？经询问儿子才知道，原来星期天回家的儿子在网上申请注册了一个邮箱账号，其中详细记载了她的手机号码、家庭住址、工作单位等个人基本信息。原来是不法分子盗取了周书文填写的这些信息向他的家人行骗，幸好发现及时，否则将损失惨重。

2011年12月7日，厦门捣毁特大“违禁邮包”诈骗团伙，该团伙藏在深山，骗取300万元。

“您好，我是中国邮政，您有个包裹，里面有海洛因。”从当年7月份至11月底，4个骗子躲进深山老林，利用一台计算机加几部手机，冒充邮政人员、警察、银联工作人员，先给市民手机发短信、打电话，进行邮包诈骗。然后，4个人就在全省各地到处取款。他们在厦门甚至全国疯狂作案，初步统计涉案100多起，涉案金额近300万元。

四、知识链接

国家密保局颁布并于2000年1月1日起实施的《计算机信息系统国际联网保密管理规定》第二章“保密制度”明确规定：

第六条 涉及国家秘密的计算机信息系统，不得直接或间接地与国际互联网或其他公共信息网络相连接，必须实行物理隔离。

第七条 涉及国家秘密的信息，包括在对外交往与合作中经审查、批准与境外特定对象合法交换的国家秘密信息，不得在国际联网的计算机信息系统中存储、处理、传递。

第八条 上网信息的保密管理坚持“谁上网谁负责”的原则。凡向国际联网的站点提供或发布信息，必须经过保密审查批准。保密审批实行部门管理，有关单位应当根据国家保密法规，建立健全上网信息保密审批领导责任制。提供信息的单位应当按照一定的工作程序，健全信息保密审批制度。

第九条 凡以提供网上信息服务为目的而采集的信息，除在其他新闻媒体上已公开发表的，组织者在上网发布前，应当征得提供信息单位的同意；凡对网上信息进行扩充或更新，应当认真执行信息保密审核制度。

第十条 凡在网上开设电子公告系统、聊天室、网络新闻组的单位和用户，应由相应的保密工作机构审批，明确保密要求和责任。任何单位和个人不得在电子公告系统、聊天室、网络新闻组上发布、谈论和传播国家秘密信息。

面向社会开放的电子公告系统、聊天室、网络新闻组，开办人或其上级主管部门应认真履行保密义务，建立完善的管理制度，加强监督检查。发现有涉密信息，应及时采取措施，并报告当地保密工作部门。

第十一条 用户使用电子函件进行网上信息交流，应当遵守国家有关保密规定，不得利用电子函件传递、转发或抄送国家秘密信息。

互联单位、接入单位对其管理的邮件服务器的用户，应当明确保密要求，完善管理制度。

第十二条 互联单位和接入单位，应当把保密教育作为国际联网技术培训的重要内容。互联单位与接入单位、接入单位与用户所签订的协议和用户守则中，应当明确规定遵守国家保密法律，不得泄露国家秘密信息的条款。

第五部分

预防和应对自然灾害类事故

内容提要

针对高年级小学生的认知结构与心理特点，本部分从自然灾害类事故的预防与应对策略入手，系统分析了地震、台风和沙尘暴三类较为常见的自然灾害，其主要内容包括地震发生及时离、台风未来预案立以及沙尘暴来莫惊慌三大板块，并对此进行了详尽的叙述。对该板块的学习能够有效地帮助小学高年级学生做好对此类自然灾害的应对措施，使小学生学会临危不惧，恰当处理，减少自然灾害对自身及他人的伤害。可以说，对本部分的学习不仅是此类自然灾害来前的“预防针”，也是此类自然灾害来时的“保护伞”。

第一课　地震发生及时离

一、教学内容

地震又称地动、地振动，是地壳快速释放能量过程中造成振动，期间会产生地震波的一种自然现象。地震开始发生的地点称为震源，震源正上方的地面称为震中。破坏性地震的地面振动最剧烈处称为极震区，极震区往往也就是震中所在的地区。地震常常造成严重人员伤亡，能引起火灾、水灾、有毒气体泄漏、细菌及放射性物质扩散，还可能造成海啸、滑坡、崩塌、地裂缝等次生灾害。

据统计，地球上每年发生500多万次地震，即每天要发生上万次地震。其中绝大多数太小或太远以至于人们感觉不到；真正能对人类造成严重危害的地震有一二十次；能造成特别严重灾害的地震大约有一两次。人们感觉不到的地震，必须用地震仪才能记录下来；不同类型的地震仪能记录不同强度、不同远近的地震。世界上运转着数以千计的各种地震仪器日夜监测着地震的动向。中国是世界上大陆地震活动尤为强烈的国家之一。据统计，在我国大陆地区，5级以上地震的年频次是19次、6级以上地震的年频次是4次，每3年发生7级以上地震2次。我国城市面临的地震灾害威胁十分严重，22个省会城市和2/3的百万以上人口的大城市均位于地震高危险区，其中，11个省会城市有发生7级以上大地震的可能，17个省会城市有发生6.5级以上强地震的可能。

（一）地震的成因分析

地球分为三层：中心层是地核，中间是地幔，外层是地壳。地震一般发生在地壳之中。地壳岩层受力后快速破裂错动引起地表振动或破坏就叫地震。由于地质构造活动引发的地震叫构造地震；由于火山活动造成的地震叫火山地震；因岩层（特别是石灰岩）塌陷引起的地震叫塌陷地震。地震是一种极其普通和常见的自然现象，但由于地壳构造的复杂性和震源区的不可直观性，关于地震，特别是构造地震是怎样孕育和发生的，其成因和机制是什么的问题至今尚无完满的解答，但目前科学家比较公认的解释是构造地震是由地壳板块运动造成的。

（二）地震的灾害破坏

1. 直接灾害破坏

地震直接灾害是地震的原生现象，如地震断层错动以及地震波引起地面振动，所造成的灾害，主要有：地面的破坏，建筑物与构筑物的破坏，山体等自然物的破坏（如滑坡、泥石流等），海啸、地火烧伤等 。

地震对自然界景观也有很大影响。最主要的后果是地面出现断层和地裂缝。大地震的地表断层常绵延几十至几百千米，往往具有较明显的垂直错距和水平错距，能反映出震源处的构造变动特征。但并不是所有的地表断裂都直接与震源的运动相联系，它们也可能是由于地震波造成的次生影响。特别是地表沉积层较厚的地区，坡地边缘、河岸和道路两旁常出现地裂缝，这往往是由于地形因素，在一侧没有依托的条件下晃动使表土松垮和崩裂。地震的晃动使表土下沉，浅层的地下水受挤压会沿地裂缝上升至地表，形成喷沙冒水现象。大地震能使局部地形改观，或隆起，或沉降，使城乡道路坼裂、铁轨扭曲、桥梁折断。在现代化城市中，由于地下管道破裂和电缆被切断造成停水、停电和通信受阻。煤气、有毒气体和放射性物质泄漏可导致火灾和毒物、放射性污染等次生灾害。在山区，地震还能引起山崩和滑坡，常造成掩埋村镇的惨剧。崩塌的山石堵塞江河，在上游形成地震湖。

2. 次生灾害

地震次生灾害是直接灾害发生后，破坏了自然或社会原有的平衡或稳定状态，从而引发出的灾害，主要有：火灾、海啸、毒气泄漏、瘟疫、滑坡和崩塌等。其中火灾是次生灾害中最常见、最严重的。此外，社会经济技术的发展还带来新的继发性灾害，如通信事故、计算机事故等。这些灾害是否发生或灾害大小，往往与社会条件有着更为密切的联系。

（三）地震前兆

地震前出现与地震发生有密切联系的各种异常现象都叫地震前兆。因此，地震是有前兆的。地震前兆分为宏观前兆和微观前兆。宏观前兆是指人能直接感觉到或用眼睛看到的包括动植物的不正常反应，地下水的变化，气象变化以及小震活动等，大体可分为：地下水异常、生物异常、地声异常、地光异常、电磁异常、气象异常等。微观前兆是指人直接看不到或感觉不到，只能用仪器测量的，如地壳的形变、地面的倾斜和海面升降、地下水化学成分的变化，地震波传播速度变化，地电、地磁、地温、地应力的微弱变化及人们不能感觉到的小震活动等。目前，我国开展微观前兆检测的主要方法有地形、地磁、地电、重力、地温、地下水及水化学等的监测。

（四）小学生对地震的预防及应对策略

我国是一个多地震国家，为了把地震灾害减少到最低限度，通过防震减灾科普教育，提高广大公民的防震减灾意识，掌握在地震来临时采取正确的应对措施是十分必要的。广大小学生是这项工作的生力军，教育一个孩子，带动一个家庭，影响整个社会。大家都来提高国民的防震减灾意识，这是减轻地震灾害的有效途径。

（1）学校开展讲座使小学生了解地震的知识，明确地震的危害，提高防震、避震的安全意识。初步掌握在家庭、学校等公共场所等日常生活中常用的防震方法，做到防患于未然。

（2）通过小学生家长会，向小学生家长宣传地震及相关预防知识，提高家长做好小学生安全工作的紧迫意识。请家长和学校老师共同做好小学生的地震教育工作。

（3）教师教会小学生了解和掌握地震时的应对策略。

①学校的避震。正在上课时，要在老师指挥下迅速抱头、闭眼、躲在各自的课桌下，背向窗户（防止碎玻璃划伤头或面部），用书包或软的坐垫保护头部。

服从老师指挥，有组织地撤离，防止发生踩踏。不可慌乱冲出教室，并避免慌张地上下楼梯，不可跳窗逃生。

在操场或室外时，可原地不动就地蹲下或趴下，双手保护头部，注意避开高大建筑物或危险物（电线杆、树、体育器材、围墙等），不要回到教室。

检查教室的照明灯具、橱柜、吊扇等，并应加以固定。

②家庭的避震。躲在炕沿下、坚固家具附近；内墙墙根、墙角；厨房、厕所、储藏室等开间小的地方。注意千万不要跳楼，不要站在窗外，不要到阳台上去。

关闭电源、火源及煤气。

③公共场所的避震。听从现场工作人员的指挥，不要慌乱，不要拥向出口，要避免拥挤，要避开人流，避免被挤到墙壁或栅栏处。

在影剧院、体育馆等处：就地蹲下或趴在排椅下；注意避开吊灯、电扇等悬挂物；用书包等保护头部；等地震过去后，听从工作人员指挥，有组织地撤离。

在商场、书店、展览馆、地铁等处：选择结实的柜台、商品（如低矮家具等）或柱子边，以及内墙角等处就地蹲下，用手或其他东西护头；避开玻璃门窗、玻璃橱窗或柜台；避开高大不稳或摆放重物、易碎品的货架；避开广告牌、吊灯、霓虹灯等高耸或悬挂物。

④户外的避震。就地选择开阔地避震：蹲下或趴下，以免摔倒；不要乱跑，避开人多的地方；不要随便返回室内；在行驶的电（汽）车内：抓牢扶手，以免摔倒或碰伤，降低重心，躲在座位附近，地震过后再下车。

⑤遇到特殊危险时的自救方法。燃气泄漏时：用湿毛巾捂住口、鼻，千万不要使用明火，震后设法转移。

毒气泄漏时：遇到化工厂着火，毒气泄漏，不要向顺风方向跑，要绕到上风方向去，并尽量用湿毛巾捂住口、鼻。

遇到火灾时：趴在地上，用湿毛巾捂住口、鼻。地震停止后向安全地方转移，要匍匐，逆风而进。

⑥如果被埋压如何处理。设法用砖石、木棍等支撑残垣断壁，防止周围杂物进一步倒塌，以防余震时再被埋压；不要随便动用室内设施，包括电源、水源等，也不要使用明火；闻到煤气及有毒异味或灰尘太大时，设法用湿衣物捂住口、鼻；不要乱叫，保持体力，用敲击声求救。

⑦不轻信传言。

⑧避震要点。选择小开间、坚固家具旁就地躲藏；蹲下或坐下，尽量蜷曲身体，降低身体重心； 抓住桌腿等牢固的物体；保护头颈、眼睛，掩住口鼻；避开人流，不要乱挤乱拥，不要随便点明火。

二、教学设计

【例1】

地震的危害及避震

（一）教学目标

(1) 使学生了解地震形成的主要原因，地震给人类及环境带来的危害，掌握地震前兆及地震发生时应采取的保护措施，避免受到伤害。

(2) 在学习过程中学会自主学习，合作探究。

(3) 拥有爱护自然、保护环境的使命感和责任感，在面对自然灾害的时候要树立积极的人生态度，正确的价值观。

（二）教学内容

地震的成因、危害以及地震的前兆及应急措施。

（三）教学课时

1课时

（四）教学准备

(1) 教师搜集地震相关案例，例如，文字资料、图片资料以及视频资料，制作内容丰富、生动形象的课件以辅助课堂教学。

(2) 学生通过各种途径搜集资料，了解地震的避难方法和地震的前兆。

（五）教学过程

1. 创设问题情境，了解地震危害

(1) “同学们在课前收集了许多关于地震时的图片，谁来向大家展示展示？”

(2) 指名学生到实物投影前展示图片并谈谈自己对地震的了解。

(3) 教师播放唐山地震的录像，并触景生情地边播边讲：“我们不能忘记30多年前7月28日凌晨时分，7.8级的大地震使唐山市片刻间化为一片废墟，20 多万同胞瞬间就失去了宝贵的生命……”

2. 自主学习，合作探究

（1）教师：“地震的破坏力很大，在地震发生时人人都想逃生。你们知道地震发生时我们的逃生时间有多少吗？（仅有 10 秒）所以就有了‘小震不用跑，大震跑不了，惊慌出意外，就地躲避好’的道理。那么在地震发生后我们应该如何避难呢？”

（2）点名让学生汇报搜集的资料，学生们互相补充。

（3）教师随机引导学生从多个方面说明避难方法。教师随学生的回答书写板书，同时强调指出我国传统避难方法的不足之处。让学生了解到如果躲藏在桌子或床铺的下面，逃生概率是很小的。在地震发生时应躲藏在桌子、床铺以及坚固的家具的旁边，并尽量使自己的身体低于它们。这样才能获得足够的生存空间。

户内：桌、床、坚固家具旁角落（远离玻璃）。

户外：平躺在地面。

车中：蹲在座位旁下车躲在车旁。

商场：椅子、坚固物品旁。

（4）“同学们真了不起！现在我们一起来做个模拟地震的小游戏。”模拟游戏分为户内、户外、车内和商场几个情景进行。

（5）学生先分小组进行演习排练、教师随机巡视指导。

（6）教师针对每种避难方法分别指定一个小组进行展示。其他学生认真观看，并在演习完后进行评价。

（7）小组展示完后说说自己为什么要这样做？学生们进行互评，教师随机引导，加深印象。（如果遇到强烈地震，不要过分惊慌，应该先找地方躲避，等强震过后，再转移到安全的地方）

3. 整合知识，拓展延伸

（1）同学们，你们知道地震前有哪些前兆？

（2）让学生结合收集的资料，谈谈地震前有什么预兆。

（3）教师进一步说明，虽然目前地震不能像天气那样进行预报，但地震发生之前总有一些蛛丝马迹可以观察到。人们根据长期观察，把地震前兆编成了儿歌，然后课件出示地震前兆歌谣。

震前有预兆，观测很重要；
牛羊不进圈，老鼠满街跑；
寒冬蛇出洞，鱼儿水面跳；
井水变怪味，河水翻气泡；
地下发奇声，天空出光道；
天地多异常，人心起焦躁；
人人多留意，才能早预报。

4. 战胜灾难，珍惜生命

(1) “如果我们在地震中被困在废墟中，又应该怎样做呢？”

(2) 指定学生回答，其他学生进行补充。（在等待营救时，不要大声叫喊以免过多消耗体力，而应敲击墙壁发出声音引起救援人员的注意）

(3) “在地震中应珍惜生命，冷静应对，随机应变，这样才能化险为夷。老师这儿有几个地震时发生的真实的小故事。”

(4) 朗读三个创造生命奇迹的小故事。其他同学想想从故事中受到了什么启示？

(5) 学生谈谈从故事中受到的启示。“如果你真的被砸住了，你会怎么做？”

(6) 师生互动，生生互动，使学生认识到生命的可贵，以及如何在地震中自救求生。使自救互救，坚强不屈，珍爱生命的认识和激情演绎到一个新的高潮。

5. 回顾小结，认识升华

师生共同小结：不要相信谣传，地震发生后不要惊慌害怕。自然灾害很多，地震只是其中的一种，无论遇到什么灾难，都要想办法战胜它，坚强地活下去。人的生命是最宝贵的，要珍惜我们宝贵的生命。

【简要评析】

这是教师在课堂对小学高年级学生进行地震有效预防教学的过程。在教学方法上，教师运用了一系列有关近些年地震的图片、案例、视频、歌谣以及现场模拟等生动逼真的教学手段，让学生们在更真实、更具体的教育教学过程中熟悉和掌握必要的地震相关知识。在教学内容上，不仅讲到了地震产生的原因，如何预防等基础性知识，还增加了地震相关知识的整合与拓展，使学生可以习得更多的地震常识。本教学设计不仅达到了预防地震这一自然灾害的教育目的，同时还进一步开阔了学生们的眼界，是一个典型的地震预防及应对方面的教学设计。

【例2】

地震相关知识及其预防与应对

（一）教学目标

（1）引导学生提出关于地震的相关问题，合理推测地震并利用模拟实验探究地震的形成。知道地震的危害，了解地震的前兆以及地震发生时应采取的措施。

（2）从地震的情境中感受地震的破坏力，激发学生的探究热情，同时，在探究的过程中学会自主学习与小组合作学习，提升学生的综合素质。

（3）面对自然灾害形成一种敬畏感，与此同时，增强学生爱护自然，保护环境的责任感；在地震来临时，秉持正确的价值观，在避震的同时也学会互帮互助。

（二）教学内容

地震的形成、危害及预防和应对措施。

（三）教学课时

1课时

（四）教学准备

（1）教师收集有关地震的视频、图片等制作教学课件。

（2）教师准备毛巾、木板、长方形盒子或课本、积木。

（3）学生在互联网上搜集有关地震的文字资料。

（五）教学过程

1. 情境导入

教师以汶川大地震为例引发同学们的回忆，通过观看汶川地震的视频，让学生谈谈当时情景以及自身的感受。

2. 新课研究

（1）引导学生提出探究问题。明确学生最想了解哪些问题，例如，地震的形成、地震的危害、地震的预兆、地震的监测、避震的方法等。（教

师归纳板书）

(2) 探究地震的形成。联系之前所学知识，学生猜想假设。（课件地震的形成）

小组合作，设计实验。（用教师提供给各组的材料模拟）

小组代表汇报设计方案。（教师适时指点、补充）

模拟实验，验证猜想，培养探究能力。（课件出示实验要求）

汇报实验现象。（各组分别用毛巾、积木、书、薄木片做实验，模拟地震时地表的变化及振动、声音）

归纳总结。文字总结地震形成的原因。（课件出示，地震成因）

(3) 了解地震的危害。教师提出地震会给我们造成哪些危害。（课件：地震的危害）学生根据课前在互联网上搜集的资料以小组为单位谈地震的危害。

结合唐山大地震震后图片谈感受。（课件 唐山大地震震后图片）

(4) 了解地震的预兆。地震危害那么大有没有办法监测和预兆呢？（课件：地震的预兆）让我们根据课前收集的资料谈谈吧。学生对“地动仪”能否准确预测地震产生争议。（课件 地动仪图片）

教师明确：到目前为止，人类的科学技术水平还不能准确预测地震。

(5) 避震的方法。如果地震发生时，我们怎样避震，你知道选择什么样的避震方法吗？（课件：避震方法）学生简单交流。

网上避震演习。（课件：卧室、教室、街道、操场等场景）学生根据课前收集的资料谈不同场景的避震方法。

教师归纳总结。地震发生时，我们所处的环境主要分两类：室内和室外，我们可以这样避震：（课件：避震的方法）通过我们这节课学到的知识和演习，老师觉得如果地震发生，大家无论在什么环境中都能采取正确的保护措施了。

3. 知识拓展

经过这节课的探究，相信大家对地震有了很多新的认识，同学们还有什么想法或疑问提出来吗？（学生提想法和疑问）看来关于地震还有许多值得我们继续探究的问题，课下继续探究吧。老师相信不久的将来，我们中一定会出现地震学家。

4. 课堂小结

本节课真是收获不少，我们学到了许多有关地震的知识。希望今天这节课我们不仅知道地震的成因及危害，更重要的是懂得遭遇地震的时候学会保护自己，这才是老师最想要大家学习的东西！

【简要评析】

本课以地震作为探究对象，引领学生探究地震的形成、地震的危害、地震的前兆以及避震的方法。在教学中注意引导学生主动建构知识，鼓励学生自己提出问题，并大胆猜想设计模拟实验，引导学生利用收集到的资料去研究问题，提高了学生的科学探究能力。在教学中还注意利用视频资料和图片再现了地震时的场景，让学生亲身感受地震来临时的情景和破坏力，激发学生探究科学的兴趣和欲望。从实际效果来看，这样能尊重学生的个性差异，为每个学生提供自主学习、自主发展的空间，同时也调动了学生们的研究热情。

三、教学素材

相关案例

2008 年 5 月 12 日，是沉重的一天，四川汶川发生了里氏 8.0 级特大地震。在这突如其来的灾害中，4 万多与我们血肉相连的同胞失去了生命，与他们厮守了一辈子的家园瞬间化为灰烬。在这次四川汶川大地震中，许多中小学生罹难。

2010 年 4 月 14 日上午 7 时 49 分，青海省玉树藏族自治州玉树县发生两次地震，最高震级 7.1 级，地震震中位于县城附近。青海玉树地震规模较大，玉树地震已造成 2 698 人遇难，其中已确认身份 2 687 人，无名尸体 11 具，失踪 270 人。部分学校小学生被埋，遇难学生 199 人。

2011 年 4 月 1 日下午 13：07 分，地点位于四川德阳绵竹，震级 4.0 级，震源深度 22 公里，成都震感明显。此次地震属于汶川大地震的余震，绵竹市震感较强，截至14点，未收到遭到地震破坏的报告。地震发生后，绵竹一所学校的主教学楼坍塌了大半，当时正在上课，几乎有100多个孩子被压在了下面，全是小学生。一些似乎是消防队员的战士在废墟中已经抢出了十几个孩子和三十多具尸体。

2014年1月15日03时17分云南省丽江市华坪县（北纬26.9°，东经101.2度）发生4.4级地震，震源深度11千米。地震已导致当地多所中小学房屋出现受损，“永兴乡1个中学、5个小学的房屋都在此次地震中出现了受损，包括墙壁开裂，天花板掉灰尘泥块等。据不完全统计，约有2 000户房屋在此次地震中轻度受损，139户房屋受损严重，多处水窖、水池出现渗漏”。

2014年8月3日16:30，云南昭通市鲁甸县龙头山镇发生6.5级地震。巧家民政局最新统计核实：地震已致巧家死亡26人，受伤79人。沙坝村沙坝小学还有一名小学生被埋，据曲靖市地震局报告，云南鲁甸6.5级地震致会泽县4人死亡。

四、知识链接

部分国家小学生地震安全教育一览

日本：日本的地震教育做到从娃娃抓起，一些小学经常举行防震演习，教育孩子们一旦发生地震不要慌乱，要保护好头部，从容有序躲避。日本家庭通常会准备几个“防灾袋”，里面有多种应急用品，包括食品、饮用水、药品、手电筒、毛巾、口罩、绳索、口哨等。

美国：美国地质调查局及教育部门多年来始终对公众及在校学生进行地震知识的教育，普及地震灾害中自我保护的知识。例如，加州的中小学在每个学期开始时都要求学生准备一个地震应急包交给学校统一保管，内容包括必要的药品、干粮及与家长及外地亲属的联系方式等，以备万一。

伊朗：按规定，伊朗全国的中小学每年都要举行为期一两天的应对地震的培训活动，由学校统一安排，一般在校园或公园里举行。学校的所有教职员工也要接受相关的地震知识教育，还须参加相关考试，并取得成绩。对于办公楼以及校舍等人群较为集中的地方，伊朗相关部门有明文规定，并会定期检查，如装饰性的摆设及灯具等悬挂物体需定期检查、固定和维修；不要在文件柜等物体上放置重的或尖的物品等。

第二课　台风未来预案立

一、教学内容

台风（或飓风）是产生于热带洋面上的一种强烈热带气旋。只是随着发生地点不同、名称不同。在北太平洋西部、国际日期变更线以西，包括南中国海范围内发生的热带气旋称为“台风”；而在大西洋或北太平洋东部的热带气旋则称“飓风”。也就是说，台风在欧洲、北美一带称“飓风”，在东亚、东南亚一带称为“台风”；在孟加拉湾地区被称作“气旋性风暴”；在南半球则称“气旋”。台风经过时常伴随着大风和暴雨或特大暴雨等强对流天气，风向在北半球地区呈逆时针方向旋转（在南半球则为顺时针方向）。中国是世界上少数几个受台风影响严重的国家之一。台风带来的强风、暴雨和风暴潮对人民生命财产威胁严重。登陆中国的台风，8 月在台湾省平均最大风速达 43 米 / 秒，其他月份在台湾也均达强台风等级。其次是 8 月份在浙江登陆的，平均最大风速为 41 米 / 秒。在广东登陆的台风虽然最多，但其平均最大风速并不强。10 月份登陆海南岛的台风较强，平均最大风速为 36 米 / 秒。登陆福建的台风，常先经台湾省受到削弱，登陆台风较强的出现在 9 月，平均最大风速达 31 米 / 秒。中国各省、市、自治区除新疆外，均直接或间接受台风影响而产生暴雨。中国近海 15 个省市中，11 个省市最大雨量的影响系统是台风。全国 7 次日降水量超过 1 000 毫米的极端暴雨，其中 6 次都是由台风所引起的。1975 年 3 号台风 (Nina) 在河南境内造成的特大暴雨，最大中心为 1 小时 189.5 毫米，1 天 1 005.0 毫米，5 天过程雨量为 1 631.0 毫米。

（一）关于台风的相关知识

1. 台风形成的原因

台风形成的原因，至今仍无法十分确定，但已知它是由热带大气内的扰动发展而来的。在热带海洋上，海面因受太阳直射而使海水温度升高，海水容易蒸发成水汽散布在空中，故热带海洋上的空气温度高、湿度大，这种空气因温度高而膨胀，致使密度减小，质量减轻，而赤道附近风力微弱，所以很容易上升，发生对流作用，同时周围的较冷空气流入补充，然后再上升，如此循环不已，终必使整个气柱皆为温度较高，重量较轻，密度较小于空气，这就形成了所谓的“热带低压”。然而空气的流动是自高气压流向低气压，就好像是水从高处流向低处一样，四周气压较低，高处的空气必向气压较低处流动，而形成“风”。

2. 台风形成的条件

（1）要有广阔的高温、高湿的大气。热带洋面上的低层大气的温度和湿度主要取决于海面水温，台风只能形成于海温高于26~27℃的暖洋面上，而且在60米深度内的海水水温都要高于26~27℃。

（2）要有低层大气向中心辐合、高层向外扩散的初始扰动，而且高层辐散必须超过低层辐合，才能维持足够的上升气流，低层扰动才能不断加强。

（3）垂直方向风速不能相差太大，上下层空气相对运动很小，才能使初始扰动中水汽凝结所释放的潜热能集中保存在台风眼区的空气柱中，形成并加强台风暖中心结构。

（4）要有足够大的地转偏向力作用，地球自转作用有利于气旋性涡旋的生成。地转偏向力在赤道附近接近于零，向南北两极增大，台风基本发生在大约离赤道5个纬度以上的洋面上。

3. 台风强度的划分

①热带性低气压 → 中心附近最大风速等于或小于每小时33海里(每秒17.1米)即等于或小于7级风。

②轻度台风 → 中心附近最大风速每小时为34海里至63海里(或每秒17.2至32.6米)，相当于8~11级风。

③中度台风 → 中心附近最大风速每小时为64海里至99海里(或每秒32.7至50.9米)相当于12~15级风。

④强烈台风 → 中心附近最大风速每小时在100海里(或每秒51.0米)以上，相当于16级或以上的风。

（二）预防台风危害小学生的对策

1. 台风过境前的具体对策

（1）接上级有关部门关于台风来临的通知后，防台风领导小组成员集中回校安排台风过境时领导值班，布置防台风的各项准备工作。

（2）组织防台风应急小组成员全面检查学校的校舍、场室的安全。

（3）做好校园排水系统的清理工作，保障学校排水系统畅通。

（4）组织师生关好教室、办公室、各实验室、教师房间等的门窗。清理台风过境时可能发生安全隐患的所有杂物。

（5）组织防台风应急小组成员巡查校园，加强对学校电线、煤气的检查，并对上述设施做好防台风的各项预防工作。

2. 台风过境时的具体对策

（1）台风来临的整个时段，学校值班人员应当不断在校园内巡视，若发现险情，立即向值班主管和单位领导报告，启动应急程序。

（2）组织留守教师留在学校，安定教师情绪，防止发生意外。

（3）在做好自身安全的前提下，组织防台风应急小组成员加强对校园巡查，特别是加强对学校水电设施、排水系统的检查。出现突发事件或安全隐患，立即报告防台风领导小组。领导小组研究是否上报上级主管部门组织排险。

（4）做好学校的安全防卫工作，做好防盗、防水的各项工作。

（5）若建筑物在台风中倾斜、开裂：①现场指挥应立即组织应急人员引导师生撤离现场，疏散至安全区域，同时切断学校电源。②若有人受伤，要及时进行抢救，情况紧急要及时拨打“120”送医院。③在危险建筑物周围设置警戒线，派专人密切观察建筑物的情况。

学校把人员受伤、财产损失和严重事故隐患情况及时向上级报告。

3. 台风过境后的具体措施

及时组织学校教职工对校园进行全面检查，发现问题及时维修并报告上级主管部门，尽快恢复正常的教学秩序。

二、教学设计

【例 1】

了解认识台风

（一）教学目标

（1）让学生掌握关于台风的相关理论知识，掌握台风是如何产生的及对人们生活的影响，学生通过对台风相关知识的理解，能够在实际生活中知道如何预防台风。

（2）本节课通过教师导入、讲解所学的课程，采取积极引导学生思考、案例展示的授课方法。

（3）培养学生注重环保意识及对自身的安全保护意识。

（二）教学内容

本节课内容为台风的理论知识及其危害。

（三）教学课时

1 课时

（四）教学过程

1. 导入

为加强小学紧急情况应急处置的综合指挥能力，提高紧急情况处置的快速反应和协调水平，最大限度地降低损失，有效地保障学校和师生的生命财产安全，维护学校正常的教学、生活秩序。结合小学生的实际，讨论一下应该注意什么问题。教师让学生观看几组图片，交流是谁惹的祸，引入主题。

2. 教授新内容

本节课由两部分组成：一是通过教师讲解台风的基本知识，二是播放关于台风的录像，结合实际巩固知识。

首先教师通过展示台风给日常生活带来危害的图片引入本课，然后让学生说说他们所了解的关于台风的知识。

（1）教师带领学生了解一下天气预报中通常讲到的预警信号程度分别代表哪种含义。

①台风蓝色预警信号 。24 小时内可能受热带气旋影响，平均风力可达6级以上，或阵风7级以上；或者已经受热带气旋影响，平均风力为6~7级，或阵风 7~8 级并可能持续。

②台风黄色预警信号。24 小时内可能受热带气旋影响，平均风力可达8级以上，或阵风9级以上；或者已经受热带气旋影响，平均风力为8~9级，或阵风 9~10 级并可能持续。

③台风橙色预警信号 。12 小时内可能受热带气旋影响，平均风力可达 10 级以上，或阵风 11 级以上；或者已经受热带气旋影响， 平均风力为 10~11 级，或阵风 11~12 级并可能持续。

④台风红色预警信号 。6 小时内可能或者已经受热带气旋影响，平均风力可达 12 级以上，或者已达 12 级以上并可能持续。

（学生自由交流）

根据学生的交流，教师小结：台风是海洋上形成的一个气旋，风力达 12 级以上，破坏力很强。初步引发学生们的兴趣后，教师进一步地引入讲解台风的危害这一部分内容。

（2）了解台风的危害。

①教师放映录像，让同学们交流看到了什么，接下来再谈台风的危害。

教师让学生们结合生活的实际思考台风给人们的日常生活带来了哪些危害。（庄稼受损、水产品受灾、植物遭破坏、山洪暴发、山体滑坡、道路积水、群众受困……）

②从报道中的数据分析台风的危害。

教师引导：台风使我们的财产遭受损失，甚至还威胁我们的生命。各市防台办对多次台风登陆进行了数字统计，教师和学生一起观看这些报道。

3. 巩固提问

这节课主要讲了台风预警信号，请同学们回忆一下，并正确地说出来。

4. 课堂小结

本节课教师引领学生学习了关于台风的基本知识，有利于学生们今后接到关于台风的信息时可以准确地判断。同时，也了解了台风给人们带来的危害，使学生感受到树立台风防范意识，采取台风防范措施的重要性。

【简要评析】

本课教学设计系统地讲解了有关台风的理论知识，为了调动学生的好奇心，教师可以利用照片或者视频，先向学生展示关于本节课的相关信息。此部分有利于教学的顺利进行，而且有利于激起学生们的求知心，兴趣是最好的教师。教授新课时，教师简要说明教学内容及其作用，激发学生的学习兴趣和求知欲望，调动学生学习的积极性和主动性，使学生渴望学好新知识。为了防止学生自学的盲目性，学生自学课本前，老师根据教材内容比较系统的问题，要求学生带着问题学，从书中找出问题的答案。本节课的知识讲解部分体现了理论联系实际的设计方案，本节遵循了由“理论—实践—理论—实践”的学习过程，有利于学生们把课上所学习的知识运用到实际的生活中。

【例2】

台风发生莫慌乱

（一）教学目标

(1) 让学生们把学习的理论知识和实际生活中遇到的紧急情况相结合。

(2) 理论联系实际的教学方法，让学生可以把课上学习的知识运用到实际的生活中。

(3) 培养学生的安全防范意识，树立正确的人生观。

（二）教学内容

结合生活的实际学习如何预防台风。

（三）教学课时

1课时

（四）教学过程

1. 谈话导入，揭示课题

(1) 教师引入：天灾是不可避免的，台风也是不可避免的，大家可以看一下老师手中的图片，这些就是发生在我们生活周围关于台风的危害?

(2) 教师展示事前准备好的图片，结合图片教师总结生活中台风的危害。在讲解危害的过程中引出应对这些危害的措施。

(3) 教师讲解：首先，小学生在家中时，在台风来临之前固定好花盆、空调、雨棚等室外物品；检查一下门和窗是否关紧，如果发现有松脱的门窗务必钉牢；及时做好日常储备工作，准备好蜡烛、手电筒、储存水，以防断电停水；住在地势低处的学生家最好及时搬迁到地势高的地方。其次，小学生在户外时，不要在危旧的房子、临时工棚、电线杆、大树、广告牌等容易造成伤亡的地方避风躲雨。最后，小学生在学校时，要听从学校和老师的安排做好预防措施。

2. 真实再现，发人深思

(1) 教师给学生看社会、学校预防台风的录像。

教师组织学生讨论，四人小组讨论一下，让学生们把好的建议写在“抗台计划”中，评出“抗台专家组”。

(2) 小组讨论、交流。

(3) 听专家的建议（图片或录音）。

4. 拓展延伸，巩固提升

儿歌导行

你拍一，我拍一，台风来了不要急。
你拍二，我拍二，预防工作要做好。
你拍三，我拍三，不到易倒地方躲。
你拍四，我拍四，屋外物件往家收。
你拍五，我拍五，关闭门窗不外出。
预防工作做得好，台风来了不害怕。

5. 结合儿歌，回顾总结

大自然的脾气难以捉摸，它有时候给我们带来喜悦，有时候给我们带来悲伤，它极其善变，说不好什么时候就会发起脾气来。这种变异就是自然灾害。但只要我们预防得好，就能把危害降到最低。当然，我们不要忘了，一些可亲可敬的叔叔、阿姨，为了减少损失、保护更多的生命，他们正在抗台第一线工作着！

【简要评析】

本节课的教学采取“实践—理论—实践”的教学方法，教师在讲解新课后，要结合实例，先引导学生小结出本节课的学习内容，再引导学生自我总结出结论，有不完善的地方，教师才给予点拨，直到完整为止。应当注意，教师在教学过程中绝不能轻易在学生不理解的情况下把结论告诉学生。首先，试图让学生自己去讨论探索本课知识，然后结合课本优化同学们的建议，结合实际尽量把课上所学的应用于学生们的现实生活中，试图从生活中的实际出发让学生学习。本节课采取让学生自己去探索的方法，有利于学生对知识进行深刻认识，达到本节课的最终目的就是让同学们树立安全保护意识，真正遇到台风时可以运用所学的知识保护自己和他人。本节课的教学设计最后运用儿歌的形式，便于学生对台风知识的记忆。

三、教学素材

相关案例

浙江省教育厅发布信息，受强台风“菲特”影响，浙江省内各学校可参照气象部门的台风预报信息和当地政府的具体要求，根据实际情况推迟上课或停课时间。当天，多地教育局表示停课一天。今年第23号强台风“菲特”给浙江带来了较为严重的灾情，特别是连日的大雨暴雨，令浙江多座城市出现了内涝。其中，温州苍南、瑞安、平阳、洞头等地出现了不同程度的内涝，杭州主城区、宁波余姚等地内涝也较为严重，部分学校甚至进水严重。杭州教工路上的浙江省体育职业学院内因连续暴雨，导致了校区内出现积水，学生只能卷起裤脚才能进出。在浙江省教育厅发出推迟上课或停课的通知后，宁波市城区防汛指挥部会议决定，10月8日全市中小学幼儿园停课一天。

此次受灾最为严重的温州市则并未安排全市停课，当地教育局通知要求，各级各类学校要尽最大努力，保证灾后学生按时上课；确实因受灾严重而不能按时复课的，必须按规定程序上报当地教育行政部门批准。目前，灾情严重的苍南、平阳、瑞安三地已经决定10月8日中小学幼儿园停课一天。浙江省教育厅要求各县（市、区）教育局和各高校要通过手机短信、网络等途径向全体师生宣传相关的防御知识，确保生命财产安全，同时相关市县教育行政部门和学校的领导要亲自值班。高校要加强服务，做好应急物资的储备，值班人员要加强巡逻，及时排除或报告各类安全隐患。

福州市气象局于2009年8月8日15时30分发布台风红色预警信号：2009年第8号台风“莫拉克”当天15时中心位于北纬25.0度，东经120.5度，就是在连江县东南方约170千米的海面上，近中心最大风力12级，未来以每小时10千米的左右的速度向西北方向移动，可能于当天夜里在福建省中北部沿海登陆，最大可能在福清到福鼎一带沿海登陆。受其影响，当天全市沿海东北风10~11级，阵风12~14级。全市天气阴有中到大雨，部分县（市）有暴雨，局部县（市）有大暴雨。请注意加强防范， 渔排上人员要及时撤离，出海船只注意回港避风，旅游景点注意做好安全防范工作，地质灾害易发区注意防御因强降水引发的局地山体滑坡和泥石流等地质灾害。各县（市）城区要做好由强降水引发内涝的防抗准备。目前，台风最大可能在福建连江至浙江乐清一带登陆，登陆时可能为强热带风暴。请各方面注意！ 8月9日6时温州市气象灾害预警信号公告。温州市气象台8月9日6时将台风橙色预警信号更新为台风红色预警信号：受“莫拉克”台风影响，我市沿海海面风力13~15级，沿海地区有12~14级大风，内陆10~12级大风。①

四、知识链接

在我国东南沿海抵御台风“海棠”的同时，刚刚横扫墨西哥的飓风“埃米莉”也将抵达美国得克萨斯州，美国相关部门已采取应急措施，等待飓风的到来。在这些防范措施中，对台风进行精准预报是最重要的。每次在台风登陆前，位于迈阿密的美国国家台风中心都会提前数日发出警告，以使政府有足够的时间安排危险地区的居民撤离。美国去年对飓风“伊万”的防范就是一个成功的例子，在飓风“伊万”登陆前，共有200多万人被紧急疏散，从而最大限度地避免了人员伤亡。在居民们撤离的同时，有关部门建立起紧急避难所，供难民临时居住。而对于来不及撤离的居

①福州气象局、温州气象台2009年8月8日关于莫拉克台风的报道.

民，政府则催促他们储存汽油、食品、水等必需品，并注意收听电台发布的气象信息。在确保救援工作及时到位的同时，让居民自己掌握防风技巧也是十分必要的，在台风到来前，美国的老百姓用挡风板钉住门窗，又在门外堆放沙包，以防被水浸泡。事实证明，这些措施能有效降低风暴对房屋的损害。[①]

①http://www.fswater.gov.cn/zhengwu/tjzl/taifeng/qx/200505/200508/t20050817_1111606.html.

第三课　沙尘暴来莫惊慌

一、教学内容

沙尘暴是一种天气现象，属于自然灾害中的气象灾害。本课内容是针对小学高年级设计的，适合小学高年级学生对沙尘暴的学习和掌握。

（一）沙尘暴概述

1. 什么是沙尘暴

沙尘暴（sand storm）是沙暴（sandstorm）或尘暴（duststorm）两者兼有的总称，是指强风扬起地面的尘沙，使空气特别混浊，水平能见度小于1 千米的风沙天气现象。多发于干旱和半干旱地区，在我国沙尘暴多发于西北地区和华北北部地区，主要发生于冬春季节。沙尘暴的形成主要是由强风刮起干燥地表上的松软沙土和尘埃形成，导致空气混浊，能见度变低。其中沙暴是指大风把大量沙粒吹入近地层所形成的挟沙风暴；尘暴则是大风把大量尘埃及其他细粒物质卷入高空所形成的风暴。沙尘暴按强度可分为四个等级：

（1）4 级 ≤ 风速 ≤ 6 级，500 米 ≤ 能见度 ≤ 1 000 米，称为弱沙尘暴。

（2）6 级≤风速≤ 8 级，200 米≤能见度≤ 500 米，称为中等强度沙尘暴。

（3）风速 ≥ 9 级，50 米 ≤ 能见度 ≤ 200 米，称为强沙尘暴。

（4）当其达到最大强度（瞬时最大风速 ≥ 25 米 / 秒，能见度 ≤ 50 米，甚至降低到 0 米）时，称为特强沙尘暴（或黑风暴，俗称“黑风”）。

沙尘暴表现出的自然特征大体上可以总结为以下四点：

（1）风沙墙耸立。大陆强沙尘暴多从西北方向或西方推移过来，也有少数从东方推移过来。几乎所有的沙尘暴来临时，我们都可以看到风刮来的方向上有黑色的风沙墙快速地移动着，越来越近。远看风沙墙高耸如山，极像一道城墙，是沙尘暴到来的前锋。

（2）漫天昏黑。强沙尘暴发生时会刮起 8 级以上大风，风力非常大，能将石头和沙土卷起。随着飞到空中的沙尘越来越多，浓密的沙尘铺天盖地，遮住了阳光，使人在一段时间内看不见任何东西，就像在夜晚一样。

（3）翻滚冲腾。刮黑风时，靠近地面的空气很不稳定，下面受热的空气向上升，周围的空气流过来补充，以致空气携带大量沙尘上下翻滚不息，形成无数大小不一的沙尘团在空中交会冲腾。

（4）流光溢彩。风沙墙的上层常显黄色至红色，中层呈灰黑色，下层为黑色。上层发黄发红是由于上层的沙尘稀薄，颗粒细，阳光几乎能穿过沙尘照射下来的缘故。而下层沙尘浓度大，颗粒粗，阳光几乎全被沙尘吸收或散射，所以发黑。风沙墙移过之地，天色时亮时暗，不断变化。这是由于光线穿过厚薄不一，浓稀也不一致的沙尘带时所造成的。

2. 沙尘暴的成因

（1）自然条件。强风是沙尘暴产生的动力，沙、尘是沙尘暴的物质基础，不稳定的热力条件是利于风力加大、强对流发展的，从而夹带更多的沙尘，并卷扬得更高。除此之外，前期干旱少雨，天气变暖，气温回升，是沙尘暴形成的特殊的气候背景；地面冷锋前对流单体发展成云团或飑线是有利于沙尘暴发并加强的中小尺度系统；有利于风速加大的地形条件即狭管作用，是沙尘暴形成的有利条件之一。土壤、黄沙的主要成分是硅酸盐，当干旱少雨且气温变暖时，硅酸盐表面的硅酸失去水分，这样硅酸盐土壤胶团、沙粒表面就会带有负电荷，相互之间有了排斥作用，成为气溶胶不能凝聚在一起，从而形成扬沙即沙尘暴。沙尘暴本质上是带有负电荷的硅酸盐气溶胶。

（2）物理因素。在极有利的大尺度环境中、高空干冷急流、强垂直风速、风向切变及热力不稳定层等因素存在的条件下，会引起锋区附近中小尺度系统生成、发展，加剧了锋区前后的气压、温度梯度，形成了锋区前后的巨大压温梯度。在动量下传和梯度偏差风的共同作用下，使近地层风速陡升，掀起地表沙尘，形成沙尘暴或强沙尘暴天气。

（3）环境因素。土壤风蚀是沙尘暴发生发展的首要环节。风是土壤最直接的动力，其中气流性质、风速大小、土壤风蚀过程中风力作用的相关条件等是最重要的因素。另外，土壤含水量也是影响土壤风蚀的重要原因之一。

（4）气候因素。科学家认为，沙尘暴的元凶是大气环流，地表形态的巨大变化直接改变了大气环流的格局。比如，在中国西北部和中亚内陆的沙漠和戈壁上，由于气温的冷热剧变，这里的岩石比别处能更快地崩裂瓦解，成为碎屑，地质学家按直径大小依次把它们分成：砾（＞2毫米），沙(2~0.05毫米)，粉沙(0.05~0.005毫米)，黏土（＜0.005毫米）。黏土和粉沙颗粒，能被带到3 500米以上的高空，进入西风带，被西风急流向东南方向搬运，直至黄河中下游一带才逐渐飘落下来，沙土大量下落的地区正好是黄土高原所在的地区，就连五台山、太行山等华北许多山的顶上都有黄土堆积。

当然，沙尘暴的发生不仅是特定自然环境条件下的产物，还与人类活动有对应关系。人为过度放牧、滥伐森林植被，工矿交通建设尤其是人为过度垦荒，破坏地面植被，扰动地面结构，形成大面积沙漠化土地，直接加速了沙尘暴的形成和发育。简单说来，沙尘暴的形成一般具有以下条件：

一是地面上的沙尘物质，它是形成沙尘暴的物质基础；

二是较强的风，这是沙尘暴形成的动力基础，也是沙尘暴能够长距离输送的动力保证；

三是不稳定的空气状态，这是重要的局地热力条件，沙尘暴多发生于午后傍晚，说明了局地热力条件的重要性；

四是干旱的气候环境，沙尘暴多发生于北方的春季，而且降雨后一段时间内不会发生沙尘暴是很好的证据。

3. 沙尘暴的危害及影响

沙尘暴的危害主要有两个方面：一是风的危害；二是沙的危害。

（1）风力破坏。大风破坏建筑物，吹倒或拔起树木、电杆，撕毁农民塑料温室大棚和农田地膜，等等。此外，由于西北地区4—5月正是瓜果、蔬菜、甜菜、棉花等经济作物出苗，生长子叶或真叶期和果树开花期，此时最不禁风吹沙打。轻则叶片蒙尘，使光合作用减弱，且影响呼吸，降低作物的产量。重则将植物连根拔起，使农作物颗粒无收。

（2）刮蚀地皮。大风作用于干旱地区疏松的土壤时会将表土刮去一层，叫作风蚀。大风不仅刮走土壤中细小的黏土和有机质，而且还会把带来的沙子积在土壤中，使土壤肥力大为降低。此外，大风夹沙粒还会把建筑物和作物表面磨去一层，叫作磨蚀，这也是一种灾害。

（3）沙的危害。主要是沙埋，在背风凹洼等风速较小的地形下，风沙危害主要便是沙埋了。例如，1993 年 5 月 5 日，黑风中发生沙埋的地方，沙埋厚度平均 20 厘米，最厚处达到了 1.2 米。

风沙到底会给人类及其生活带来怎样的影响呢？具体如下：

（1）生态环境恶化。出现沙尘暴时狂风裹的沙石、浮尘到处弥漫，凡是沙尘暴经过的地区空气混浊，呛鼻迷眼，患呼吸道等疾病人数增加。如 1993 年 5 月 5 日发生在金昌市的强沙尘暴天气，监测到的室外空气含尘量为 1016 毫克 / 立方厘米，室内为 80 毫克 / 立方厘米，超过国家规定的生活区内空气含尘量标准的 40 倍。

（2）生产生活受影响。沙尘暴天气携带的大量沙尘蔽日遮光，天气阴沉，造成太阳辐射减小，几小时到十几个小时恶劣的能见度，容易使人心情沉闷，工作学习效率降低。轻者可使大量牲畜患呼吸道及肠胃疾病，严重时将导致大量"春乏"牲畜死亡、刮走农田沃土、种子和幼苗。沙尘暴还会使地表层土壤风蚀、沙漠化加剧，覆盖在植物叶面上厚厚的沙尘，影响正常的光合作用，造成作物减产。沙尘暴还会使气温急剧下降，天空如同撑起了一把遮阳伞，地面处于阴影之下变得昏暗、阴冷。

（3）生命财产损失。1993 年 5 月 5 日，发生在甘肃省金昌市、武威市、武威市民勤县、白银市等地市的强沙尘暴天气，受灾农田 253.55 万亩，损失树木 4.28 万株，造成直接经济损失达 2.36 亿元，死亡 85 人，重伤 153 人。2000 年 4 月 12 日，永昌、金昌、武威、民勤等地市强沙尘暴天气，据不完全统计，仅金昌、武威两地市直接经济损失就达 1 534 万元。

（4）影响交通安全（飞机、火车、汽车等交通事故）。沙尘暴天气经常影响交通安全，造成飞机不能正常起飞或降落，使汽车、火车车厢玻璃破损、停运或脱轨。

（5）危害人体健康。当人暴露于沙尘天气中时，含有各种有毒化学物质、病菌等的尘土可透过层层防护进入口、鼻、眼、耳中。这些含有大量有害物质的尘土若得不到及时清理，将对这些器官造成损害，或病菌以这些器官为侵入点，引发各种疾病。

（二）防治沙尘暴的有效措施

1. 沙尘暴的防治措施

（1）加强环境保护，把环境的保护提到法制的高度。

（2）恢复植被，加强防止风、沙尘暴的生物防护体系。实行依法保护和恢复林草植被，防止土地沙化进一步扩大，尽可能地减少沙尘源地。

（3）根据不同地区因地制宜制订防灾、抗灾、救灾规划，积极推广各种减灾技术，并建设一批示范工程，以点带面逐步推广，进一步完善区域综合防御体系。

（4）控制人口增长，减轻人为因素对土地的压力，保护好环境。

（5）加强沙尘暴的发生、危害与人类活动关系的科普宣传，使人们认识到所生活的环境一旦被破坏，就很难恢复，不仅加剧沙尘暴等自然灾害，还会形成恶性循环，所以人们要自觉地保护自己的生存环境。

2. 小学生应掌握的沙尘暴应急措施

（1）沙尘暴天气不宜出门，尤其是老人、儿童及患有呼吸道过敏性疾病的人。

（2）及时关闭门窗，必要时可用胶条对门窗进行密封。

（3）急需外出时要戴口罩，用纱巾蒙住头，以免沙尘侵害眼睛和呼吸道而造成损伤，还应特别注意交通安全。

（4）提醒家长、亲人或邻居，机动车和非机动车应减速慢行，密切注意路况，谨慎驾驶。

（5）同学们要协助家长妥善安置易受沙尘暴损坏的室外物品，切记要把窗外的花盆搬到室内，以免沙尘暴吹落花盆砸伤行人。

二、教学设计

【例1】

你了解沙尘暴吗

（一）教学目标

(1) 使学生对沙尘暴有一个全面的认识，了解其成因，以探索沙尘暴和人类活动的关系。

(2) 此课程内容简单，主要是通过教师的讲述、引导性问题的设置、照片的展示、视频的播放等手段，让学生们了解沙尘暴的自然状态，让学生在探索的氛围中学到知识。

(3) 激发学生对自然现象的好奇心，学到知识的同时提高能力并增强环保意识、培养环保观念。

（二）教学课时

1课时

（三）教学准备

1. 教师与当地环保局联系，从他们那儿收集一些沙尘暴资料。

2. 教师设计引导性问题，帮助学生主动学习，积极参与。

（四）教学过程

1. 导入

沙尘暴是中国西北和华北北部常见的灾害性天气，教师可以给学生播放一些关于沙尘暴的新闻视频，让学生对沙尘暴有一个形象的认识。通过该视频，让学生自己思考，沙尘暴有哪些危害，以及沙尘暴是怎样产生的。

2. 教授内容

本节课由两部分组成：一部分是通过教师的讲授使学生对沙尘暴有一个初步的认识；另一部分是通过案例分析使学生初步了解沙尘暴的成因。

(1) 了解沙尘暴的组成。教师播放沙尘暴的视频，让学生主动思考教师的问题。教师可以提问：谁经历过沙尘暴天气？你觉得沙尘暴是由什么组成的？在学生踊跃回答之后，教师进行总结。

（2）认识沙尘暴的自然状态。教师通过播放视频或给学生看沙尘暴的照片，让学生回答沙尘暴是什么样子的？它有哪些形态特征。

老师可以提问：什么样的天气是沙尘暴天气？沙尘暴有什么特点？在学生踊跃回答后，教师进行总结。

（3）沙尘暴的成因。教师课前到网站上搜索沙尘暴形成的相关动画模拟视频，播放给学生看，并让学生思考沙尘暴是怎样形成的。

老师可以提问：谁知道沙尘暴是怎样形成的？它的形成和人类活动有关系吗？在学生踊跃回答之后，教师进行总结。

3. 巩固问题

这节课主要讲的是什么？是沙尘暴，主要介绍的是沙尘暴的组成、自然状态和成因，请同学们回答："沙尘暴中的沙子是从哪里来的？"并试述沙尘暴的成因即可。

4. 课堂小结

沙尘暴是一种灾害性的天气现象，它的发生并非完全是自然产生的，与人类的活动有密切的关系，保护自然，人人有责。

【简要评析】

上面的教学设计是针对小学高年级学生设计的，其内容简单，主要是通过教师的讲述、照片的展示、视频的播放等手段，让学生们了解沙尘暴的自然状态，让学生在探索的氛围中学到知识。在教学内容上，主要有两个方面：一方面是让学生对沙尘暴的物理形态有所了解；另一方面是让学生初步了解沙尘暴的成因，教学内容既可以让学生学到知识，又可以提高学生的环保意识。通过教师引导性问题的设置，以达到让学生在轻松活跃的环境中学习，激发其对自然现象的好奇心，学到知识的同时提高能力并增强环保意识。

【例 2】

防治沙尘　人人有责

（一）教学目标

（1）让学生了解沙尘暴的形成原因；了解我国沙尘暴的防治措施；掌握沙尘暴日常应急措施。

(2) 主要是通过教师的讲述、照片的展示、视频的播放等手段，让学生在探索的氛围中学到知识、提高能力。

(3) 使学生知道沙尘暴的产生与自然环境恶化有关，提高学生的环保意识；掌握沙尘暴日常应急措施，在沙尘暴来临时有保护自己安全的措施；了解沙尘暴的防治措施，保护环境从我做起。

（二）教学课时

1 课时

（三）教学准备

(1) 教师收集相关沙尘暴的图片、视频及案例资料，做成幻灯片，以便给学生生动形象地讲解有关沙尘暴的知识。

(2) 教师提前设计引导性问题，激发学生课堂兴趣，积极调动学生思考。

（四）教学过程

1. 导入

教师根据当地情况，向学生提问关于沙尘暴的现象，让学生回答日常生活中常见的防沙尘暴措施，以问题导入课程。

2. 教授内容

本节课的主要内容有三个方面：一是教师向学生讲授沙尘暴的形成原因；二是了解我国沙尘暴的防治措施；三是让学生掌握沙尘暴日常应急措施。

(1) 沙尘暴的形成原因。教师通过讲述案例资料，结合沙尘暴形成的动态模拟视频，让学生了解沙尘暴的形成原因。

教师可以提问：同学们认为沙尘暴形成的条件有哪些？哪些地区容易发生沙尘暴天气？在学生踊跃回答之后，教师进行总结。

(2) 沙尘暴的防治措施。教师向学生介绍我国沙尘暴的防治措施。

教师可以提问：为了避免沙尘暴天气，我们应该做出哪些环保行为呢？在学生们纷纷回答之后，教师进行总结。

(3) 沙尘暴的应急措施。教师通过讲解，让学生掌握沙尘暴的日常应急措施，以至于在沙尘暴来临时学生们能保护好自己的人身安全。

教师可以提问：同学们认为沙尘暴来临时我们应该怎么做？如果沙尘暴来临时你在户外，你应该怎么做呢？在学生各抒己见之后，教师进行总结。

3. 巩固问题

教师带领学生回顾本节课的知识要点，并请同学们回答："沙尘暴的形成与哪些因素有关？怎样做才能预防沙尘暴的发生？沙尘暴的应急措施是什么？"教师还可以设置简答题、判断题或选择题，让学生思考回答，以便学生增加印象。

4. 课堂小结

本节课大家一起学习了沙尘暴的成因及相关防范措施，同学们要牢牢记住沙尘暴的应急措施，在沙尘暴来临时保护好自己。环境保护要从自我做起，从身边的小事做起，保护环境，人人有责。

【简要评析】

上面的教学设计是针对小学高年级学生设计的，主要是通过教师的讲述、照片的展示、视频的播放等手段，让学生在探索的氛围中学到知识。该教学设计主要以沙尘暴的成因及防沙治沙为主要内容：一是教师向学生讲授沙尘暴的形成原因；二是了解我国沙尘暴的防治措施；三是让学生掌握沙尘暴日常应急措施。通过成因让学生了解其严重性，让学生了解我国防治沙尘暴的先进措施，并让学生掌握日常生活中的防沙尘暴措施，在学生增长知识的同时学会保护自己。通过教师引导性问题的设置，以达到让学生在轻松活跃的环境中学习，激发其对自然现象的好奇心，学到知识的同时提高能力并增加环保意识。

三、教学素材

相关案例

1998年4月5日，内蒙古的中西部、宁夏的西南部、甘肃的河西走廊一带遭受了强沙尘暴的袭击，影响范围很广，波及北京、济南、南京、杭州等地。4月19日，新疆北部和东部吐鄯托盆地遭瞬间风力达12级的大风袭击，部分地区同时伴有沙尘。这次特大风灾造成大量财产损失，有6人死亡、44人失踪、256人受伤。5月19日凌晨，新疆北部地区突遭狂风袭击，阿拉山口、塔城等风口地区风力达9~10级，瞬间风速达每秒32米，其他地区风力普遍达到6~7级。狂风刮倒大树，部分地段电力线路被刮断。

2000年3月22日至23日，内蒙古自治区出现大面积沙尘暴天气，部分沙尘被大风携至北京上空，加重了扬沙的程度。3月27日，沙尘暴又一次袭击北京城，局部地区瞬时风力达到8~9级。正在安翔里小区一座两层楼楼顶施工的7名工人被大风刮下，两人当场死亡。一些广告牌被大风刮倒，砸伤行人，砸坏车辆。

2010年3月中旬，一场沙尘暴波及北京、新疆、宁夏、内蒙古、甘肃、青海、湖北等16个省（市、区）。内蒙古，尤其呼和浩特等地出现了强沙尘暴，此次沙尘天气是2003年以来影响范围最广的一次。4月24日至25日，新疆南部和东部、青海北部和西部、甘肃、内蒙古西部和宁夏等地出现6~7级大风，部分地区出现了沙尘暴，其中甘肃的部分地区出现了强沙尘暴或特强沙尘暴。吐鲁番地区灾害严重，因黑风导致火灾和建筑物坍塌造成3人死亡，1人失踪。

2014年4月23日，新疆尉犁县遭遇强沙尘暴。据尉犁县气象局消息，当日9点30分该县风力已达8级；12时县域内能见度几乎为零，昏天黑地，白天瞬间变黑夜。受沙尘暴影响，该县路灯、学校、小区、商铺等停电；客运站班车、线车、出租车被迫暂停营运，交警大队出动全体警力，在县城、农村重点路段设立执勤点对过往车辆进行指挥疏导；棉花、设施大棚均受其影响。

四、知识链接

《防沙治沙法》总则

第一条 为预防土地沙化，治理沙化土地，维护生态安全，促进经济和社会的可持续发展，制定本法。

第二条 在中华人民共和国境内，从事土地沙化的预防、沙化土地的治理和开发利用活动，必须遵守本法。

……

第三条 防沙治沙工作应当遵循以下原则：

（一）统一规划，因地制宜，分步实施，坚持区域防治与重点防治相结合；

（二）预防为主，防治结合，综合治理；

（三）保护和恢复植被与合理利用自然资源相结合；

（四）遵循生态规律，依靠科技进步；

（五）改善生态环境与帮助农牧民脱贫致富相结合；

（六）国家支持与地方自力更生相结合，政府组织与社会各界参与相结合，鼓励单位、个人承包防治；

（七）保障防沙治沙者的合法权益。

第四条 国务院和沙化土地所在地区的县级以上地方人民政府，应当将防沙治沙纳入国民经济和社会发展计划，保障和支持防沙治沙工作的开展。

第五条 在国务院领导下，国务院林业行政主管部门负责组织、协调、指导全国防沙治沙工作。

第六条 使用土地的单位和个人，有防止该土地沙化的义务。

第七条 国家支持防沙治沙的科学研究和技术推广工作，发挥科研部门、机构在防沙治沙工作中的作用，培养防沙治沙专门技术人员，提高防沙治沙的科学技术水平。

第八条 在防沙治沙工作中作出显著成绩的单位和个人，由人民政府给予表彰和奖励；对保护和改善生态质量作出突出贡献的，应当给予重奖。

第九条 沙化土地所在地区的各级人民政府应当组织有关部门开展防沙治沙知识的宣传教育，增强公民的防沙治沙意识，提高公民防沙治沙的能力。

第六部分

预防和应对影响学生安全的其他事件

内容提要

本部分内容包括三课，分别是同学和睦保安全、危险到来找救援和成长烦恼要抛弃。本部分所涉及的内容都是预防和应对影响学生安全的其他事件中的重要组成部分，我们一定要做到师生共同学习，教学相长，积极思考，创新思维，才能够让学生学会相关的知识和内容，促进广大的小学生全面健康发展。

第一课 同学和睦保安全

一、教学内容

建立和睦的人际关系，与他人进行正常的交往，是我们每个人心理健康发展的需要，如今学生多为独生子女，在与他人交往时，往往多从自我的角度考虑，总想让别人迁就自己，结果常常在与人交往时碰壁，从而导致不和睦的人际关系。小学生正处于身心发育的时期，心理素质不稳定，也没有多少社会经验。因而不少同学不知道如何与人和睦相处。他们可能只因为一点小事情就和同学发生矛盾，也可能因为一句话就伤害了自己的自尊；他们常常只从自己的角度考虑问题，顾及自己的需要，却忽视了别人也有同样的需要；等等。因此，教育学生与人和睦相处，需要教育学生有人人平等的人际交往意识，并且需要有恰当的人际交往方式，尊重别人、相信别人、与别人交往时要礼貌和友善等。

我们常常看到同学间的一些不能和睦相处的行为，在大课间的时候，很多同学为了争夺运动场地而你争我吵，有的甚至不惜拳脚相向。这些本来不是很大的事情，也许因为彼此语气不和善、态度不友好，而转化成矛盾，结果给彼此造成很大的伤害。好朋友和同学之间也不免会发生这样或那样的小纠纷、小矛盾，因此，如何处理好同学关系与同学和睦相处就变得十分重要了。在日常生活中，不同的人在对待相同的事情也会有不同的看法和解决方式，我们应该学会理性地去看待问题，尊重和理解他人的行为。不能因为一点鸡毛蒜皮的小事就大打出手，这样既伤害了同学，又破坏了彼此之间的友谊。更不要认为武力是解决事情的最好方法，而应该尝试用其他的途径去解决。

（一）小学生容易出现不和睦的交往行为的原因

第一，由于现在独生子女，缺乏同龄群，受居住条件限制，淡化了他们的和睦友好的交往意识。这样，使孩子们在日常生活中没有更多机会与儿童接触，彼此缺乏互相关心、互相往来，他们更多的是在家长的照料、呵护中成长，生活在以我为中心的家庭圈中必然要导致其心理、交往的偏差。

第二，由于受应试教育的影响，学生的学习、生活受分数的约束，他们的个性心理、品质、兴趣诸多方面未得到全面发展。虽然信息交流使他们学习空间增大，却因学生课业负担过重，学生自由利用和掌握的时间相对较少，从而使学生们少了交流、交往和一起玩要的机会，也为他们的和谐相处减少了机会。

第三，孩子们生活在开放型的社会环境里，各种现象又限制和影响着他们。学生那仅有的不多的时间，常常与计算机、电视、游戏机为伴，使他们处于“与物交往状态”。

第四，社会上各种不健康现象对他们的交往产生消极影响。小学生正处于模仿的阶段，对一些现象还不能完全辨认清楚，只是一味地模仿，在这个现代信息十分发达的社会，一些成年人的不健康的相处行为，不和睦的交往方式往往成为孩子的效仿对象。

第五，孩子们的身心正处于人生发展的稚嫩时期，控制能力、辨别能力、抵抗能力较薄弱。加之各自的生活环境和文化教养不同，遗传个体差异不同，以及个体性格、认知水平、协调程度差异，个体对周围事物的看法、评价差异等都导致了孩子们的交往素质出现偏差。

（二）同学间和睦相处的方法

第一，改变自己，包容同学。和同学发生矛盾的时候，首先要找自己的原因。一般与同学关系紧张的人大多在性格和习惯方面有些缺陷。例如，清高、傲气的学生，往往令人敬而远之；狭隘、自私的学生，往往令人生厌；虚伪、圆滑的学生，往往令人鄙视；等等。不尊重他人的习惯或者脾气暴躁，都会影响到同学关系。所以，首先要改变自己的不良习惯和性格，这是与同学和睦相处的一条重要措施。与此同时，要包容同学的缺点或不足。古人云：金无足赤，人无完人。没有人是完美无瑕的，所以，不要因为某人的缺点或不足就嫌弃他、远离他。

第二，真诚待人，乐于助人。任何感情都讲究真诚，同学之情也不例外。当你称赞同学的时候，要发自内心地称赞，不要口是心非，让人觉得你含有讽刺的意味；当你对同学不满的时候，要真诚地提出意见，不要在背后说人坏话；等等。只要你真诚对待同学，那么你的同学就会真诚地对待你。

第三，不要欺负同学。班级是大家庭，同学是兄弟姐妹。兄弟姐妹应该团结友爱，而不是以大欺小，以强凌弱。有些同学仗着自己比较高大强壮，在班里呼风唤雨，谁不听他的话就要挨打。这种人，人人畏惧，却并不能获得友爱。强壮的同学要善于保护本班的同学不受欺负，这样才能更好地和同学们和睦共处，才能获得大家的尊重和喜爱。

第四，减少在交往中作出的过度反应。把发怒、争吵、打架作为解决冲突的手段，表现出攻击性，他们个性粗暴、鲁莽，缺乏做人的基本修养（礼貌、宽容、谦让等），其方式会给生活在集体中的他人带来不安全感，如有一部分学生就具有下列过分放肆的行为：过分好斗、偷窃、撒谎、爱搞权威、危害他人、毁坏财产、顽固、不服从、不合作，这样就很难与同学友好相处。在集体生活中，你要学会真诚、自律、求同存异、替他人着想，要试着谅解、宽容和赞美他人。只有尊重别人与自己的不同，包容别人与自己的不一样，多顾及别人的感受，才能赢得别人对自己的好感，才能做到与同学和睦相处。

二、教学设计

【例1】

同学和睦很重要

（一）教学目标

(1) 知道学校的和睦环境对学校的每个成员都很重要，知道一些同学间和睦相处的原则。

(2) 通过教学过程的开展，引导学生正确处理同学间的矛盾。

(3) 通过相关案例，教育学生体会同学之间和睦相处带来的快乐与温馨。

（二）教学过程

1. 导入

教师讲述一个不能与人和睦相处的故事给学生听，故事内容如下（可以用幻灯片投影给学生看）：

一天，语文赵老师正在上课，班主任吴老师领了一位新同学来。吴老师给大家介绍新同学说：“同学们，从今天起，我们班又多了一位新同学。这位新同学叫李红华，他以后要和大家一起学习。”然后，吴老师就出去了。同学们鼓掌欢迎新同学的到来，赵老师让全班同学都自我介绍。之后，赵老师叫李红华坐在陈燕燕旁边的座位上。李红华不高兴地说：“我讨厌和女生坐一起。”

赵老师看到李红华没有课本，就让陈燕燕和李红华一起看，可是，李红华却说：“把课本给我，你那样拿，我怎么看得见？”说着，一把把陈燕燕手里的书抢过来，几乎把书都撕破了。赵老师狠狠地批评了李红华，然后叫李红华一个人坐在后面的位子上。没想李红华却站起来想跑出教室，被赵老师一把抓住。赵老师问他为什么要跑出教室，他大声叫：“放开我，我才不要上课呢！你管不着我。”赵老师很生气，李红华破坏了课堂纪律，使赵老师无法上课。过了很久，赵老师才使李红华安静下来，而这时下课铃响了。赵老师只好宣布下课，让大家去操场上玩儿。黄芸、周敏、梁莉在操场的一边玩跳绳，她们一直玩儿得很好。李红华跑过来，一把把她们的绳子抢去了。黄芸、周敏、梁莉不能继续玩了，就非常生气地走开了，让李红华一个人玩，李红华也生气了。他也不愿意一个人玩儿。但大家都不理他。就在这时，陈燕燕走过来，李红华就用绳子把陈燕燕套住，大声叫着：“现在我把你逮住了，你这个讨厌的家伙，看你敢不敢告诉老师！”陈燕燕被绳子弄疼了，哭了起来……

2. 教授新内容

本节课由三个部分组成：一是通过学生们的互动学习，交流一些处理同学间小矛盾的经验；二是通过老师的讲评与总结，使他们深刻地感受到和睦的氛围是多么让人愉快，对小学生来说也是非常重要的；三是通过讨论加强学习同学和睦相处的小技巧。

(1) 故事讨论，互动学习。教师讲完故事后，组织学生讨论以下问题:

第一，这位新同学做得对吗？为什么？

第二，李红华同学这样做，在班上能交到新朋友吗？

第三，如果有人像李红华那样对待你，你会怎么样？

第四，李红华如果想要别人喜欢他，他应该怎么做？

教师讲评：李红华是个顽皮的孩子，他不懂礼貌，不守纪律，不尊敬老师，也不能和同学和睦相处，这种行为表现是不受人欢迎的。他应该设法改变，才能得到同学们的友谊。

(2) 同学之间，和睦相处。教师继续组织学生讨论以下的问题:

第一，与人相处时，哪些言谈举止、态度是令人愉快的？与人相处时，哪些言谈举止、态度是令人不愉快的？

第二，什么样的人是受人欢迎的？什么样的人是不受人欢迎的？

(学生开始做适当讨论并回答)

教师总结：世界是丰富多彩的，人的个性也是丰富多彩的。因此，要学会欣赏和允许多样性，容忍别人的想法和自己的想法不一致；学会宽容、谅解，不要过分苛求，学会商量，懂得合作的道理，学会关心、帮助他人，愿意与人友好相处，对别人的困难给予同情。在生活中，让我们养成多从他人的观点、立场来考虑问题的习惯。此外，还要学会感谢他人，对曾经给予自己关心、帮助的人要有一颗感恩的心。好的品德是我们社会能力发展的重要前提和保证，因此，我们应具备与人和睦相处的品德。我们在与人相处时，一定要态度诚恳，要有礼貌，要保持情绪的稳定，不可以自私自利、冷漠、骄傲、讥笑别人或者对别人乱发脾气。这样才会受人欢迎，与人和睦相处。同学们，多一分宽容，就多一分理解；多一分理解，就多一分尊重；多一分尊重，就多一分和睦；多一分和睦，就多一分快乐。让我们都拥有快乐的学习生活，学会相处，学会交往，拥有更多的朋友，相知相伴。

3. 巩固提问

这节课主要讲了同学之间和睦相处的重要性，请同学们回忆一下，并正确地说出来。

4. 课堂小结

今天真是收获不少，学到了很多知识。同学们，在以后的日常生活和学习中，我们一定要严格践行今天学的知识，避免不文明的行为发生。

【简要评析】

上面是教师在课堂上对学生进行有效教育教学的过程，在轻松的教育教学过程中让学生们熟悉和掌握了必要的同学之间和睦相处的知识。世界是丰富多彩的，人的个性也是丰富多彩的。因此，要学会欣赏和允许多样性，容忍别人的想法和自己的想法不一致；学会宽容、谅解，不要过分苛求；学会商量，懂得合作的道理；学会关心、帮助他人，愿意与人友好相处，对别人的困难给予同情。借助以上教育实例，教师就能够很好地为学生上好安全教育课，同时还进一步拓展了学生们的眼界，培养了学生们的素质，是一个典型的积极教育学生之间和睦相处的教学实例。

【例 2】

和睦相处有技巧

（一）教学目标

（1）使学生知道学校的和睦环境对学校的每个成员都很重要。

（2）通过教学过程的开展，使学生认识到与人交往时发生冲突和摩擦是不可避免的，初步掌握冲突和矛盾的方法。

（3）教会学生懂得设身处地地替他人着想和顾及他人的感觉是与人和谐相处的首要原则，懂得“己所不欲，勿施于人”的道理，并学会在实际生活中运用这一道理。

（二）教学过程

1. 谈话导入，揭示课题

（1）通过相关故事的图片导入，引导学生谈感受，体会同学之间不和睦相处而给学生的健康和生命带来的危害与影响。

（2）教师小结：校园，是莘莘学子追求知识的场所，是知识渊博的教师授业解惑的地方，本应是充满欢声笑语，本应是书声琅琅、温馨和睦的港湾，但曾几何时，校园这块往日的净土已不再平静。在我国城乡中小学校园内，小学生不和睦相处而给自己和他人带来伤害的案例比比皆是，长此以往，就会对小学高年级学生的身心健康造成巨大的伤害甚至会付出生命的代价。

（板书课题：和睦相处有技巧）

2. 真实再现，警钟长鸣

(1) 首先，请学生们了解有关的同学之间应该和睦相处的案例，想一想，这几个案例分别讲述了什么内容？你有什么感想？

引导学生通过读、悟、谈，认识同学之间应该和睦相处的惨痛教训和提高安全自护意识的重要性。

（2）学生们还从课外收集到了哪些同学之间应该和睦相处的案例？通过这些案例，又有什么感受和体会？

引导学生展示收集的文字资料和图片资料，进一步深化对同学之间不和睦相处的危害的认识。

（3）老师收集了一部分关于同学之间应该和睦相处的资料，请大家观看阅读后在小组内交流感受和体会。

播放课件，展示更加丰富的相关文字、图片和视频资料，引导学生在小组内交流感受和体会。

3. 行动在线，情景模拟

（1）了解了同学之间不和睦相处的危害后，那么，我们如何才能够远离危险，在日常的学习和生活中，保护好自己的人身安全呢？接下来就让我们走进“行动在线”吧！

（2）学生思考后交流下列问题。

①我们在校园里，或者是上学、放学的路上，是否容易发生同学之间不和睦相处的现象？为什么？

②在校园里，或者是上学、放学时，我们该如何积极地避免、预防和规避同学之间不和睦相处的危害？为什么？

（3）小组合作，情境模拟演示，教师引导学生适时评议并进一步探究缘由。

4. 拓展延伸，巩固提升

（1）学生思考：我们在学校里，或者是在上学、放学的途中，还应该注意哪些安全问题？

重点引导学生根据自己上学、放学的实际情况来具体谈。

(2) 一旦我们遇到别的同学之间不和睦相处的现象时，我们应该怎么做?

先引导学生自己谈理解、谈体会，然后在小组内交流，进一步厘清认识。小组汇报交流，老师引导学生进行合理补充。

5. 回顾总结，畅谈收获

引导学生交流学习本课后的感想和收获。

6. 布置作业

搜集相关案例，了解其特征和作用；观察生活中各类同学之间不和睦相处的现象的发生，并学会正确处理。

【简要评析】

上面是一个典型的积极倡导同学之间应该和睦相处的教学设计。教师如果能够紧扣该教学实例，在课堂上对学生进行教育教学，就可以在轻松的教育教学过程中让学生们熟悉和掌握必要的同学之间和睦相处的知识，达到有效教育学生、给学生上好安全教育课的目的。校园，是莘莘学子追求知识的场所，是知识渊博的教师授业解惑的地方，更是同学们和睦相处，充满他们欢声笑语，给他们带来温馨感觉的港湾。小学是行为习惯形成的重要时期，教师应抓住这一有利时机，及早让小学生学习一定的人际相处的礼仪知识，培养他们的交往能力。另外，根据上面的教学设计，教师在教学生使用礼貌用语的同时，还应注意培养其得体的举止。

三、教学素材

相关案例

据齐鲁晚报：山东汶上县 4 月 2 日讯，汶上县某小学学生刘洋（化名）和李黎（化名）课间休息时，因小事发生冲突，刘洋受伤。后来，双方因赔偿问题产生纠纷，诉至法院。

3 月 30 日，汶上法院判决李黎的监护人及汶上某小学各承担一定的赔偿责任。

刘洋与李黎均是汶上某小学的学生，3 月 10 日上午第二节课与第三节课的间隙，李黎向刘洋要纸，刘洋不给，双方便争吵直至打起架来。李黎将刘洋推倒，致使刘洋的头碰在了墙上，刘洋当时鼻子流血，后又口吐白沫，经老师处理后继续上课。上课时，刘洋又出现上述症状，放学后，班主任把刘洋送回家。回家后刘洋仍然出现上述症状，其父母急忙把刘洋送往医院治疗，后因病情严重，多次转院治疗，在济宁某医院治疗时被诊断为外伤性癫痫病。

据南方都市报：2006年3月6日上午10时许，顺德“110”接桂洲医院报称：容桂某小学两名未成年学生发生“打斗”事件，其中一名学生被对方刺中左胸，经送医院抢救无效死亡。接报后，容桂派出所民警立即赶赴现场将肇事者带回问话，并对事件展开调查。经查，当日上午第一节课下课后，该校六年级学生龚某和同学彭某在教学楼四至五楼的楼梯间拿凳子玩打架游戏，在推打过程中，彭某被龚某用弹簧小刀刺中左胸部，后经送医院抢救无效死亡。

2012年3月，洛川县龙升小学（化名）五年级的学生刘小强（化名）与同班的张刚（化名）、赵鹏（化名）、吴飞（化名）、曹彬（化名）发生争吵。次日下午，双方再次发生打架事件，致刘小强被打伤，当天刘小强进入洛川县医院住院治疗。县医院诊断为：“1. 头外伤；2. 右踝处软组织损伤”，住院期间共花费各项费用12 000元。6月，由刘小强作为原告，其父亲刘忠民为代理人将张刚、赵鹏、吴飞、曹彬以及洛川县龙升小学起诉至洛川法院。经调解，达成了由张刚、赵鹏、吴飞、曹彬各给付刘小强2 500元（由四被告各自的监护人给付），洛川县龙升小学不承担赔偿责任的调解协议。调解书生效后，张刚、赵鹏、吴飞、曹彬的家长均未自觉给付赔偿款，于是刘小强申请法院执行，案件进入执行程序。

2006年4月11日14时许，永吉县一拉溪镇中心校在上第六节课，六年级学生小华递给同学小龙一张纸条，内容是小龙和一女同学好，小龙把纸条撕了。下课之后，小龙看见小华拿着一张纸给这名女同学了，就上前抢，俩人吵起来。在操场上，小龙将小华按倒在排水沟里，小华起来后拿砖头要打小龙，被同学拦住并将两人分开，但俩人仍然打嘴仗。小华从另一同学小明上衣兜里拿出一把弹簧刀，小龙看到小华拿刀又上前厮打，将小华再次按倒在排水沟里。此次，小华用刀将小龙后腰部刺了两刀。

四、知识链接

如何教育才能够让小学生与同学和睦相处

当儿童进入学校成为班级的一员后，便摆脱父母的“纵向”依附关系，同时需要建立起与同学们友好相处的“横向”伙伴关系。让小学生学习社会交际，培养交往能力是班集体建设的一项重要内容。

但是，并非所有小孩都懂得如何跟同学交往。学生中间形成交往关系的，有的是因为座位相近，有的是因为性格相同，有的是因为学习刻苦，成绩较好，而交往失败的学生则常常是欺负别人、成绩不良或性格内向等原因造成的。那么，小学生如何能够与同学和睦相处，形成良好的交往关系呢?

1. 让学生学习一定的礼仪

人与人的交往离不开礼仪，礼仪是尊重自己和别人的表现形式，简而言之，礼仪其实就是交往艺术，就是待人接物之道。小学是行为习惯形成的重要时期，应抓住这一有利时机，及早让小学生学习一定的礼仪知识，有利于培养他们的交往能力。首先，要让学生学会礼貌用语，养成使用礼貌用语的习惯。其次，文雅的谈吐必须与得体的举止相匹配。因此，在教学生使用礼貌用语的同时，还应培养其得体的举止。让学生知道与人交往时应遵守的一些礼仪有：站立时挺胸收腹、双肩平放不摇晃，两臂下垂不揣兜，腿部不颤动；与人谈话时，不挖鼻孔、抠耳朵、剔牙齿、搔痒痒、脱鞋袜；不乱翻他人的课桌抽屉和书包、用具，动用他人的物品，必须先经他人的允许；不随便打断别人的讲话，妨碍别人时要道歉。在公共场合咳嗽和打喷嚏、吐痰需要用手绢或卫生纸掩住口鼻，不能冲着他人。为了培养学生形成文明礼貌的言谈举止，老师要给学生做出榜样，在上述方面给孩子以示范。让学生从小意识到自己的行为要受到社会礼仪规范的约束，从而自觉地遵守社会规范的要求。

2. 让学生学会自我控制

现在的小学生中不少人存在一个较为普遍的问题就是和人交往时易怒、霸道、喜好对抗。究其根源，这与他们大多是独生子女有关，他们在家庭中处于核心地位，无论从物质上还是精神上各个家庭都不同程度地存在有求必应的弊端，渐渐地助长了孩子们以自我为中心及独占、霸道的心理，所以他们和同学交往时如果要求不能得到满足，或者遇到矛盾和冲突时，往往会控制不住自己的情绪，暴跳如雷甚至大打出手，因此，要有意识地让学生认识到他不是任何人的核心，没有人会无原则、无条件地随时为他服务。一个人不可能完全消灭自己的不良情绪，关键是在激动或愤怒时，能如何有效地转移并调整到最佳状态。为了培养学生学会自我控制，平时可以多训练学生的自我解嘲能力，让其认识到这种方法可以有效地帮助摆脱情绪不良的处境。此外，深呼吸、讲笑话、大笑、转移情绪或生气时马上进入沉默状态等方法，也可以较好地帮助他们控制情绪。

第二课　危险到来找救援

一、教学内容

小学生阅历不够丰富，心理不够成熟，体质不够强健，自我保护的意识和能力比较弱，更容易受到伤害和侵害，因此，要增强自我保护、灵活机智求救的意识，并注意用法律武器保护自己。当面对危险情况，不要害怕，要会呼救。当面对侵害，也不要害怕，保持冷静，勇敢地向侵害者说“不”，果断、机智地拒绝侵害，反抗侵害，以智慧的方式求助于他人，巧妙周旋，趁机脱险，并及时报警。

（一）危险来源

小学生在日常生活中会遇到各种困境，这些困境主要来自以下三个方面。

1. 物质方面的困境

物质方面的困境指小学生在生活中食物不足（如饭菜不够吃），不能满足小学生的生理需要，使小学生要求补充食物的求助行为；或者小学生在活动中由于物品或工具缺失而影响活动的进行而引发的求助行为。

2. 情感方面的困境

心理学研究表明，小学生在很小的时候就与父母或养育者在相互交往中形成了强烈的依恋，依恋会使他们有安全感。当他们感到危险时便会立刻向父母或其他依恋对象求助。依恋对象对小学生的哭、笑、动作等信号及时做出恰当的反应会使小学生得到抚慰、温暖，从而获得情感方面的满足。

3. 能力方面的困境

小学生进入一个新环境，需要面对很多新的问题，涉及各方面的能力，如生活自理能力、人际交往能力、语言表达的能力等。当这些能力出现困境时，求助便开始发挥作用。

（二）如何求救

小学生由于经历浅，面对突然的危险情况都会显得不知所措、无所适从，甚至不会呼救，那么面对危险时，小学生应该具备怎样的素质？

1. 面对危险，小学生要有环境评估素质

家长不能将孩子整天关在家里学习，还应该带他们走出屋子，在大自然中练习奔跑跳跃，在游泳池里学会击水游泳，在模拟危机中学会避险逃生。这样，孩子既增强了体质，锻炼了意志品质，又培养了受挫意识和生存能力，能在很大程度上减少悲剧的发生。

2. 面对危险，小学生要有镇定的心理素质

当有同伴接连溺水的时候，一同前往的另几个孩子面对险情居然吓得不知所措，连呼救求助都不知道，这说明孩子缺少镇定的心理素质。现在许多家庭对孩子实行封闭教养方式，多是被动依赖成人解决问题，缺乏积极主动的交往能力，造成孩子积极生存能力差，甚至到了连“救命”都喊不出的地步。对于孩子的教育，家长切不可两眼只盯着成绩，而忘记了成绩之外的素质培养。家庭安全教育就是要将孩子培养成识险、避险、会求救的人，这样孩子才会成为自己生命的管理者，才会健康而安全地成长。

3. 面对危险，小学生要有安全评估素质

孩子在水塘野浴，显然没有意识到水塘里潜伏的危险。孩子缺乏对陌生环境安全形势的评估能力，不会测水深，不会试水温，更不会对水塘产生畏惧感，这是悲剧发生的重要隐患。安全教育不到位，导致孩子的安全意识低下，在生活中发现不了险情，遇险而不知如何避险。因此，家长不仅要关注孩子“加减乘除”学得怎么样，还要教给孩子如何确保自己的生命安全，以提高孩子对环境安全的评估能力。有了对安全形势的评估能力，孩子的行事就会小心规范起来。

（三）注意事项

1. 适当求助从“敢”字入手，培养孩子果断性

当小学生处于困境中以己之力难以应付时，适当求助是他们最好的自护方法。要培养小学生适当求助的能力，先要教小学生敢于求助，在教授小学生求助技能的同时要教他们用语言表达自己的意愿。平时在培养小学生语言表达能力时，要求小学生讲清楚一件事的时间、地点、内容等。小学生在遇到困难时，能迅速地判断、及时地做出决定，这需要小学生有沉着、冷静、勇敢的性格，要不断培养小学生的果断性。

2. 教孩子学会“商量”

小学生求助时，大多采用言语的求助方式发出求助信号，而求助语言的表达与求助成功与否有密切的关系。因此，要培养小学生适当求助的能力就要教小学生求助语言的表达。教育小学生在和小朋友相处时要互帮互助，遇事与人商量。商量的魅力在于，使自己学会从别人的角度思考问题，向同伴或教师求助时要学会用“商量”的语言、“商量”的口吻征求对方的意见。

3. 避免孩子过度依赖求助

要引导小学生遇事先思考自己该怎么解决，培养其独立性，而不是凡事都不加思考直接求助父母、老师。过度依赖父母、教师会导致小学生陷入不去思考、不会思考、不会解决问题的窘境，从而阻碍其健康发展，要让小学生学会用自己的头脑分析、判断、解决问题，适时地选择求助。

二、教学设计

【例 1】

学会报警求救援

（一）教学目标

（1）知道并学会危险到来救援。

（2）通过教学过程的开展，使学生知道基本的紧急求助电话和自救方法，从小学会自我保护。

（3）教会学生懂得在危险来临时及时拨打“110”“120”“119”等求

助电话，遇到危险不慌张，培养学生处理紧急突发事件的能力。

（二）教学过程

1. 导入

培养小学高年级学生在危险来临时懂得寻求救助是保证校园安全的重要组成部分，老师要鼓励小学生自主学习该知识。可以把相关的图片及视听资料制作成幻灯片进行播放，看后让学生们想一想、说一说，自己是否懂得在危险来临时去寻求适当的帮助。结合小学高年级学生的实际，讨论一下还应该注意些什么问题，也可以通过当地派出所的警察叔叔或者是本校保卫科的安保人员对相关案例进行讲述，让学生围绕事故发现问题，分析原因，引入本节课的内容。

2. 教授新内容

本节课由两部分组成：一是通过教师的讲授让小学生们学会拨打“110”“120”“119”等求助电话，二是通过学生们的主动参与来掌握在何种情况下应该拨打以上三个求救电话，以及是否可以无故随意拨打求救电话。

(1) 拨打“110”报警电话。教师在上课前准备了幻灯片，放映一些相关的视听资料。

启发学生们讨论：遇到什么情况应拨打“110”报警？怎样报警？

(学生们做适当讨论)

教师总结：当遇到困难或生命、财产受到威胁时，应拨打“110”。拨通“110”电话后，应再追问一遍：“请问是‘110’吗？”一旦确认，请立即说清案发的地点、时间及当时的现场情况，并说清自己的姓名和联系电话，以便公安机关与你保持联系。如果歹徒正在行凶，拨打时要注意隐蔽，别让歹徒发现。

情景表演：两名学生一名扮演警察，一名扮演报警者，表演报警过程，看看他们报警过程是否正确，还能怎样做？

(2) 拨打“119”报警电话。老师在上课前放映一些相关的视听资料，并启发学生们讨论：遇到什么情况应拨打“119”报警？怎样报警？

(学生们做适当讨论)

教师总结：家里着火应及时报警。“报警早，损失少”，一旦发现火情，既要积极扑救又要及时向消防部门报警。拨打火警电话，要沉着镇静，听见拨号音后，再拨“119”号码。拨通后应准确报出失火的地址（路名、小区名、弄堂名、门牌号等）。简要说明火灾原因及范围，以便消防人员及时采取相应的灭火措施。发现火灾应及时报警，这是公民应尽的消防义务。

情景表演：两名学生一名扮演消防员，一名扮演报警者，表演报警过程，看看他们报警过程是否正确，还能怎样做？

(3) 拨打“120”医疗求救电话。教师在上课前放映一些相关的视听资料，并启发学生们讨论：什么情况下应拨打“120”电话？怎样拨打？

（学生们做适当讨论）

教师总结：同学或家人生病严重情况下应立即拨打“120”。“120”电话是国际通用的医疗救护电话。拨通“120”电话后，应再问一句加以确认。要说清需要急救者的住址或地点、年龄、性别和病情，以利于救护人员及时迅速地赶到急救现场，争取抢救时间，并说清自己的姓名和电话号码，以便联系。

情景表演：两名学生一名扮演医生，一名扮演报警者，表演报警过程，看看他们报警过程是否正确，还能怎样做？

最后，教师还应该补充，让小学生们知道求救电话平时不可随意拨打，只有真正遇到危险时才能拨打。

3. 巩固提问

这节课主要讲了当小学生们在危险来临时应该如何寻求救援，请同学们回忆一下，并正确地说出来。

4. 课堂小结

今天真是收获不少，学到了很多知识。同学们，从家里到学校，我们要牢记行走路线，熟悉周边状况和可能碰到的危险，严格践行今天学的知识，避免不安全的行为发生。

【简要评析】

上面是教师在课堂上对学生进行有效教育教学的过程，小学高年级学生阅历不够丰富，心理不够成熟，体质不够强健，自我保护的意识和能力比较弱，更容易受到伤害和侵害，因此，要增强自我保护，灵活机智求救的意识，并注意用法律武器保护自己。有了上面的教学设计，教师就可以在轻松的教育教学过程中让学生们熟悉和掌握必要的安全知识，让学生们知道当面对危险情况时，不要害怕，要会呼救。当面对不法侵害时，也不要害怕，保持冷静，勇敢地向侵害者说“不”，果断地、机智地拒绝侵害，反抗侵害，以智慧的方式求助于他人，巧妙周旋，乘机脱险，并及时报警。

【例2】

危险来临莫惊慌

（一）教学目标

（1）知道并学会危险到来求救援。

（2）通过教学过程的开展，引导学生认识潜在危险的危害，培养学生们的安全意识。

（3）引导学生了解、掌握在上（放）学路上积极预防、避免和应对可能遇到的危险或威胁的基本常识，培养和提高学生在日常出行和突发危险事件时正确应对事故的能力。

（二）教学过程

1. 谈话导入，揭示课题

通过相关事故的图片导入，引导学生谈感受，体会小学高年级学生可能遇到的危险或威胁事故给他们的健康和生命带来的危害与影响。

2. 真实再现，警钟长鸣

（1）首先，请学生了解有关的案例。想一想，这几个案例分别讲述了什么内容？你有什么感想？引导学生通过读、悟、谈，认识小学高年级学生在遇到危险或威胁时惊慌失措而错失寻求救援最佳时机的惨痛教训，提高他们的安全自护意识。

（2）学生们还从课外收集到了哪些其他相关的案例？通过这些案例，又有什么感受和体会？引导学生展示搜集的文字资料和图片资料，进一步深化对小学高年级学生可能遇到的危险或威胁事故的认识。

（3）老师搜集了一部分相关资料，请大家观看阅读后在小组内交流感受和体会。播放课件，展示更加丰富的相关文字、图片和视频资料，引导学生在小组内交流感受和体会。

3. 行动在线

（1）在了解小学高年级学生遇到危险或威胁时，惊慌失措而错失寻求救援最佳时机的惨痛教训后，那么，我们如何才能够远离危险，在上学、放学的路上保护好自己的人身安全呢？接下来就让我们走进“行动在线”吧！

（2）学生思考后交流下列问题。

①我们在校园内外，是否容易发生危险事件？为什么？

②在校园里，或者是上学、放学时，我们该如何积极地预防和避免小学高年级学生在遇到危险或威胁时惊慌失措而错失寻求救援最佳时机的惨痛教训？并说明原因。

（3）小组合作，情境模拟演示，教师引导、学生适时评议并进一步探究缘由。

4. 拓展延伸

（1）学生思考：我们在学校里，或者是在上学、放学的途中，还应该注意哪些安全问题？

重点引导学生根据自己上学、放学的实际情况来具体谈。

（2）一旦我们遇到危险，我们应该怎么做？

先引导学生自己谈理解、谈体会，然后在小组内交流，进一步厘清认识，小组汇报交流，老师引导学生进行合理补充。

5. 回顾总结

引导学生交流学习本课后的感想和收获。

6. 布置作业

搜集相关案例，了解其特征和作用；观察生活中各类危险事件的发生，并学会正确处理。

【简要评析】

上面的教学设计内容生动，意义深刻。实际上，以上教学设计在更深的层次上要求教师在日常教学中，不但要在理论上进行说教，而且还要通过实践活动来增强学生对安全的切身体会。我们的教师应该“鼓励小学高年级学生为其他小弟弟和小妹妹树立好榜样，并教给他们应对危险的有效的方法”。由于在课堂上学习过也实践过安全知识，所以一旦遇到安全事故，小学生就可以及时正确地做出反应。总之，以上的教学是教师在课堂上对学生进行有效教育教学，让学生在轻松的教育教学氛围中熟悉和掌握了必要的校园安全知识，起到了有效规避学校危险事件，达到了小学高年级学生上好安全教育课的目的。

三、教学素材

相关案例

2005年6月26日晚19时许，在长春市滨河西小区508栋楼突然发生煤气泄漏，全楼30户居民被紧急疏散，巡警大声提醒围观的群众不许打电话和吸烟。

住该楼的小学生刘子敬是第一个报警的人，“我刚进楼就闻到很浓的煤气味，碰巧一个叔叔下楼，他也闻到了，我就赶紧打‘110’报了警。”长春市巡警支队三个警区的巡警迅速赶到现场，对居民进行疏散。随后赶来的长春市消防一中队的消防官兵连同平阳煤气管理所的工作人员对一单元挨家挨户进行排查，但并没有发现漏点。平阳煤气管理所的陈先生表示，楼内的煤气主管道的阀门已经关闭，目前泄漏原因还待复查，居民的生命和财产不会受到威胁。

2013年9月19日是中秋节，家住青山区的11岁的林姓小朋友拨打了“110”求助，警察叔叔给他送上了香甜的月饼。

上午11时许，青山园林路警务站民警接到“110”报警称，青山区121街有林姓小朋友报警父母不在家，肚子好饿，一个人在家很怕。接警后民警石纲迅速出警，并随手带上中秋节从家里带来的月饼。

民警赶到121街找到房间，轻敲房门，房间内传来稚嫩的声音问是谁，说明是派出所出警民警，小朋友打开了房门。只见林姓小朋友独自在家做完作业，看见警察叔叔来了，小家伙接过民警石纲递过来的月饼，一屁股坐在沙发上一边拆开月饼，一边告诉警察叔叔爸爸的电话号码，然后大口大口地吃起来。通过民警的联系，小孩的父母很快赶回家。

经了解，林姓小朋友今年11岁，读小学五年级，早上8点父母要帮外婆搬家，把他独自留在家中，中午11点小林给父亲打电话，说自己饿了，可是搬家还有一会儿，父亲要他等等。于是小朋友想到了拨打“110”求助。林妈妈看见满屋的警察，儿子抱着月饼在吃，内疚得眼泪都下来了，连忙跟民警说对不起，小林见此也不知所措地流了泪，石纲安慰娘儿俩“没事没事”。民警对林爸林妈进行了教育，夫妻俩也表示今后一定会注意对小孩的安全管理。

据《京华时报》报道，2013年5月9日，某小学5年级的学生杜某在下午第二节课后，下楼准备去操场上体育课时被同学陈某等5人带到操场西南角的厕所里面，同学张某先给了杜某50个耳光。打完之后，其他两个学生强行脱下杜某的裤子和衣服，其中一人点燃一张手纸，让杜某拿着一直到烧完。杜某不答应，结果被他们用烟头在背后烫了两下。随后，一名学生拿起一个盛满土的铁簸箕朝杜某砸去。经法医鉴定，杜某的伤情为轻伤。

经事后了解，这样恶性的事件，起因竟只是杜某在5月8日没有借给陈某自行车。杜某随后将5名打人者和学校一同告上法庭，要求他们赔偿损失。法院审理后认定，实施殴打行为的5名被告，按照其责任大小应承担不同比例的赔偿责任，并赔付总额为3万元的精神抚慰金。所在小学对学生疏于管理，未能对学生考勤予以必要的注意，致使杜某在校内被长时间殴打，需承担杜某医药费、交通费的10%。

四、知识链接

英美小学安全教育的措施

1. 英国

英国通过立法来保证小学校园安全。1988年，英国通过了《教育改革法案》，其核心内容就是切实保护小学生安全。该法案要求学校必须对学生进行安全知识和安全技巧的教育，安全教育要贯穿日常教学工作的始终，让学生从小形成安全意识。该法案要求教师在传授安全知识时要根据情况，灵活地进行传授。1999年英国通过了《国家健康学校标准》，把小学生的校园健康及安全作为考核学校的一项重要指标。为了应对可能出现的危险情况，英国政府要求各个小学制定“危险应急预案”。预案的对象包括学校教师、学生、家长、媒体及教育主管部门等。英国小学应急预案的制定科学合理，充分考虑了学生的心理、生理特点及学校的建筑布局。每周，小学都会对学生进行应急训练，使训练变得经常化。这样，教师和学生就可以清楚地知道在突发事件中该怎么办，一旦发生突发事件，学生就可以从容应对。在英国，安全课程是小学生的一门必修课，该课程的目的就是培养小学生的安全意识，锻炼他们应对危险的能力。教师在日常教学中，不但在理论上进行说教，而且还通过实践活动来增强学生对安全的切身体会。教师“鼓励学生为其他小弟弟和小妹妹树立好榜样，并教给他们应对危险的健康的方法”。由于在课堂上学习过也实践过安全知识，所以一旦遇到安全事故，小学生可以及时正确地做出反应。

为了切实保障学生安全，英国小学要求学校员工注意学校周围的情况，一旦发现可疑人员，马上上报。英国的小学都设有专职的校警，校警一般都有一个单独的房间，他可以根据情况，灵活行动。英国小学校长的办公室就设在大门口。校长认为，这样做一方面可以监控校门口，发现危险情况，及时处理；另一方面，校长每天可以第一个问候学生，让学生感觉到校长在关心他们，从而开心、快乐、自信。同时，通过和学生打招呼，校长也可以观察学生的精神状况，对于有问题的学生，校长可以事先提醒教师密切关注。学校的很多安全问题，可能学生都知道，而校方却不知道，为了及时了解隐藏在学生中的信息，英国小学校长的办公室布置得很卡通，里面摆满了小学生喜欢的玩具和书籍，这样可以吸引小学生主动到校长的办公室和校长交流。通过和学生谈话，校长能够掌握大量的信息，而且为学校的安全措施提供更坚实的基础。

保障学生安全，调动教师的积极性至关重要。只有关爱而不是压迫教师，才能调动他们的积极性。英国小学的校长很关心教师。每个教师的办公室都配备了空调、沙发、床、微波炉、冰箱、计算机、打印机等，使得教师的办公室很有家的感觉。英国小学的校长认为，只有让教师在学校产生家的感觉，他们才会为学校的发展尽心尽力。在英国的小学，校长不会让教师加班，不会侵占教师的休息时间和节假日。

2. 美国

美国从立法上尽力保证小学安全。1994 年美国国会通过了《学校安全法》，该法律的核心就是保证校园安全，为学生提供一个良好的学习环境。在国会的带动之下，美国的各州及地方政府也制定了各自的校园安全法，这就为校园安全提供了最大限度的保障。美国的小学安全措施是立体的和全方位的。校方认为“校董会和学校行政人员不可能独自维护校园安全”，对小学生的安保工作是全社会的事情。校方的这种看法不是在推卸责任，而是实事求是。正是因为能够清醒地认清现实，所以美国的小学积极主动地与教育行政部门、公安部门、学生家长、社区机构、新闻媒体等合作，形成了良好的互动体系。教育行政部门作为美国小学的直接领导者，经常深入小学调查研究，与小学的师生座谈，了解小学师生的想法，尽可能地从人力和财力上给小学提供充分的安全保障。美国小学经常聘请警察到校园进行安全讲座。警察不但给小学生传授适合他们年龄阶段的安全防范措施，而且还帮助校方制订校园安全计划，最大限度地降低非安全事故的发生率。小学在组织社会实践活动时，也有警察参加，警察通过实践活动使小学生切身体会到安全防范的重要性。

目前，美国小学和警方的合作已经形成了一项制度，从制度上为小学生安全提供了保障。美国小学大都实行封闭式管理，对于来访人员实行登记制度。来访人员在学校待的时间也有限制，不能过长。美国小学大都配有金属探测器，可以检测出匕首、枪支等金属武器，这对打算携带武器到校园寻衅滋事的不法分子是一个有力的震慑。美国的小学安装有一种名为“校眼”的信息系统，不但可以存储教师、学生的相关信息，还可以通过学生随身携带的与“校眼”相配套的磁性 ID 卡随时定位学生，了解学生的安全状况。对于来访者，美国小学配备了一种名叫“计时徽”的系统。安装这种系统的目的在于监控来访者在学校停留的时间。如果来访者停留的时间超过了限制，“计时徽”就会发出警报，提醒校方来访者该走了。从 2006 年开始，美国的小学先后都配备了虹膜识别仪，此仪器是用来控制校门的，比较昂贵。学校老师、学生、家长及来访者只要在小学的安全网络中预留有虹膜记录，虹膜识别仪就可以自动打开校门。反之，只有和校警联系，才能进入学校。虹膜识别仪为小学安全插上了高科技的翅膀。

美国小学经常对学生进行安全教育，并且还进行演习，如火灾演习、地震演习、自救演习等。这样一旦发生安全事故，学生就会训练有素地逃生，而不至于惊慌失措。因为火灾的危害比较大，所以学会使用灭火器是美国小学生的必修课。美国是汽车王国，美国小学教育学生坐车时一定要系紧安全带，并且以视频的形式向学生展示如何系紧安全带及系安全带的好处。对于没有家长陪伴上学的小学生，美国的小学会传授给他们路途中自我保护的方法，比如，不吃陌生人给的食物，不买地摊的东西，不理陌生人的搭讪等。如果被人跟踪，要马上呼救。美国的治安体系很完善，小学生一旦呼救，警察马上就会到达现场。

美国小学放学时，家长只有签了字才能把学生从学校带走，没有家长的签字，学生不能离开学校。美国大部分孩子上学都坐校车，这在相当程度上保证了学生的安全。小学校车的运行费用由政府负担，这是一笔不小的开支，由此可见美国对小学生安全的重视。美国法律规定，小学上学、放学的高峰期，校门口马路两侧 25 米之内，除了校车之外，任何车辆不得通过，从而避免了交通事故的发生。美国人已经达成了共识：小学生是美国的未来，他们的安全至高无上。

第三课　成长烦恼要抛弃

一、教学内容

有些小学高年级学生已经提前进入了青春期，生理和心理上的变化使得他们极为容易地产生这样或那样的烦恼，如早恋、迷惘、叛逆以及躁动等，最具有代表性的成长烦恼当属早恋，在中国，“早恋”一词带有长辈一方的否定性感情色彩，一般指 18 周岁以下的青少年之间发生的爱情。早恋行为是青少年在性生理方面发育的结果，也是心理转化为行为的实践。在一定程度上说，早恋既具有积极的方面，又具有消极的方面，是一把“双刃剑”。同时早恋行为给孩子们带来的烦恼也已经成为当下不容忽视的问题。所以，要正确看待和处理早恋问题，抛弃成长烦恼，好好学习，健康成长。

（一）早恋的含义

早恋，即青春期恋爱，指的是未成年男女建立恋爱关系或对异性感兴趣、痴情或暗恋。狭义上的早恋，按字面意思来理解，就是过早地恋爱。严格来说，男女双方都向对方告白，才能称之为恋爱。如果没有过告白行为，就不能称为恋爱，不能称为恋爱就更不能称为早恋。只有作了告白行为（情书，直接告白等）才能算作恋爱，算作恋爱之后，才能根据受教育阶段判断是否早恋。一般认为在大学阶段以前的恋爱都属于所谓“早恋”。

广义上的早恋，早恋并不是一个正式和专业的词语，只在中国内地被广泛使用。实际上也并没有正式的标准来界定是否早恋。将青少年由于正常生理和心理发展造成的对异性的爱慕归为“早恋”，显然不科学。一般认为，青少年恋爱会带来很多问题，如影响青少年的身心健康和学业成绩等，尤其对女孩来说更为突出，但一般不会有太严重的影响。早恋常常以失败告终，很少出现早恋能够终身厮守的；也有人认为早恋是青少年男女关系的探索和学习，为将来的恋爱与婚姻做准备，不宜过分禁止或压制。

（二）早恋的特点

由早恋的各种情况综合起来看，早恋通常有下列四个特点：

1. 朦胧性

青少年对于早恋发展的结局并不明确，早恋的青少年仅仅是渴望与异性单独接触，而对未来家庭的组建、处理恋爱和学业之间关系、区别友谊和爱情等问题都缺乏明确的认识。

2. 矛盾性

早恋的青少年其内心充满了矛盾，既想和其喜欢的异性接触，又害怕被父母发现。可以说早恋的过程中愉快和痛苦是并存的，对于暗恋的早恋者而言，这种矛盾性还表现在是否向爱慕者宣示爱意（表白）的矛盾。

3. 变异性

友情是充满变化、极不稳定的，因为青少年往往欠缺处理人际关系的技巧及经历，导致双方缺乏互信；关系一般都难以持久。正是这样，常常给双方的心理造成痛苦。

4. 差异性

青少年的早恋行为有明显的差异。在行为方式上，极其隐蔽，通过书信、电话或者网络等传递感情，进行秘密的私下沟通和感情交流，家长和教师难以发现，但也有青少年会公开他们的关系，在许多场合出双入对。在程度上，大多数早恋者还主要是交流感情，或者一起玩耍；从人际关系上看，一般没有超出正常的朋友关系，但有的早恋者关系发展得很深，除了交流感情外，有时甚至发生性关系。在年龄的喜好上，女孩通常喜欢比自己年龄大、比较成熟的男孩，而男孩则通常喜欢比自己年龄小的女孩，且在交往中体现自己的阳刚之气。一些心理学家认为，年龄相当时，女孩会采取主动，但根据实际情况看，更多的是男孩采取主动，这还没有定论。

（三）早恋的表现

进入青春期后，出现异性爱慕倾向的青少年，会主动接近自己喜欢的异性，双方交往频繁，相互倾心，就可能导致恋爱的发生。根据已有的观察和研究，早恋的表现主要包括以下三点：

（1）由性冲动和外在吸引而产生，缺乏思想情感方面的考虑。

（2）彼此往往是由双方身上的某一方面的优点产生倾慕之情，缺乏对对方的全面评价。

（3）缺乏责任感和伦理道德观念的约束，易发生性行为。

二、教学设计

【例1】

正确处理早恋问题

（一）教学目标

（1）使学生知道有关早恋的基本知识。

（2）通过教学过程的开展，使学生们懂得早恋问题如果不正确处理就会给自己带来不必要的烦恼，给家人及其他人带来伤害等。

（3）教会学生懂得早恋的特点、表现及原因，了解早恋的影响及正确的引导措施等。

（二）教学过程

1. 导入

早恋行为是青少年在性生理发育的结果，也是心理转化为行为的实践。早恋行为对于青少年学生，起的是“双刃剑”的作用，不能武断地把早恋定性为不利于学生健康成长的消极因素。因此，教师要鼓励学生自主学习该知识。可以把相关的知识制作成幻灯片进行播放，看后让学生们想一想、说一说，自己对早恋的认识。结合学生的实际，讨论一下还应该注意些什么问题，也可以通过具体的有关早恋危害的案例，让学生们围绕案例发现问题，分析原因，以此来引入本节课的内容。

2. 教授新内容

本节课由两部分组成：一部分是通过教师的讲授让学生们认识早恋行为的具体类型及表现，另一部分是通过学生们的主动参与来掌握出现这些具体表现的原因。

（1）早恋行为的类型及表现。可以将早恋行为的具体类型表现做成挂图、幻灯片或者多媒体等课件，出示给学生们观看，然后让学生们说说自己是否认识或者认同这些行为，接下来让学生们说说自己是否亲身经历过这些行为。通过讲授，使学生们从中了解早恋的“双刃剑”作用。

①早恋行为的类型。教师根据现实生活中的实际情况列举出“早恋”的行为和现象，让学生们试着说说这些行为都属于“早恋”的哪种类型？

（学生会说出不同的答案）

老师得出结论：早恋行为是青少年在性生理发育的结果，也是心理转化为行为的实践。早恋行为对于青少年学生起到的是“双刃剑”的作用，不能武断地把早恋定性为不利于学生健康成长的消极因素。早恋的类型主要可以归纳为下面几种：

a. 爱慕型。这类青少年是由于互相之间对对方的爱慕而产生的早恋现象。这类早恋十分常见，而根据爱慕原因的不同，又可分为三类：一是仪表型，这类早恋是由于爱慕对方外在的仪表而产生的，也是最常见，但最难以持续和稳定的。学校中总有英俊的男生和漂亮的女生备受异性追崇，就是含有这个因素。二是专长型，这是由于爱慕对方的某项自己崇尚的能力或专长而产生的早恋。这类早恋常常是女孩采取主动。三是品性型，这类早恋是由于爱慕对方的某些自己崇尚的品性而产生的早恋，相比而言，这维持得比较持久。

b. 好奇型。这是因为对异性留有的好奇心而产生的早恋现象。性意识的不断发展使青少年会产生对异性身体、生活、心理和对自己态度的好奇，这是青春期青少年的一种心理现象。青少年容易产生性冲动，从而对异性保持一种敏感的态度，为了满足这种好奇心，而结交异性朋友。

c. 从众型。这是迫于周围同龄人的压力产生的早恋现象。例如，本来不存在的恋爱关系，可能被周围的人杜撰出来，即“谣言”或者“绯闻”。在这样的环境下，迫于舆论的压力，很容易对其产生爱慕之心。

d. 愉悦型。青春期男女之间作为同学甚至同桌，由于较多的交流和信息传递，会对对方产生更为细致和透彻的理解，在这种状况下容易产生早恋。这也是“同班恋”甚至“同桌恋”的重要原因。

e. 逆反型。由于社会意识和舆论的因素，青少年的两性交往常会受到家长、教师的不恰当干预，容易诱发其“你们不许我这样做，我偏要这样做”的心理。在这种逆反心理的作用下，本来正常恰当的异性交往可能迅速向早恋发展。

②早恋的表现。教师在上课前准备了幻灯片，放映一些有关“早恋”的积极影响和消极危害两个方面的案例、图片和漫画等资料。

启发学生们：这样的情景，在校园里，我们同学自己的身边都可能会碰到，甚至这些情况还会发生在我们同学自己的身上。当碰上如此情况，我们想过应该怎样正确地应对吗?

（学生开始做适当讨论并回答）

教师最后总结：早恋的九种信号不容忽视。第一，孩子变得特别爱打扮，注意修饰自己，常对着镜子左顾右盼；第二，成绩突然下降，上课注意力不集中；第三，活泼好动的孩子突然变得沉默，不愿和父母多说话；第四，在家坐不住，经常找借口外出，瞒着父母去公园、歌厅等场所，有时还说谎；第五，放学回家喜欢一个人躲在房间里，或待在一边想心事，时常走神发呆；第六，情绪起伏大，有时兴奋，有时忧郁，有时烦躁不安，做事无耐心；第七，突然对描写爱情的文艺作品、电影、电视感兴趣；第八，突然喜欢谈论男女之间的事；第九，背着家长偷偷写信、写日记，看到别人立即掩饰。

另外，处于早恋之中的中学生，往往表现出一些反常现象。比如，上课分心走神、精神恍惚，学习成绩突然下降；情绪起伏大，心神不宁；开始注意打扮，突然大手大脚花钱，善于在某个异性面前表现自己；突然有人寄信、打电话来，但寄信人、打电话人不留地址、姓名；经常与某一异性交往，甚至发生各种越轨行为；等等。

上述“早恋”可能的表现行为虽然不能一概而论，但是应当引起我们的关注与讨论。

接下来设计出学生模拟情境，巩固学习成果。

(2) 早恋行为的原因。上面让学生们知道了“早恋”主要的类型和表现，接下来要同学们掌握为什么会出现早恋行为，即早恋行为的原因。

教师根据现实生活中的实际情况列举出一些“早恋”现象，设想这样的情况容易造成怎样的后果？导致这些后果的原因又是什么？

(学生会说出不同的后果，并就“早恋”的原因展开讨论)

教师得出结论，随着社会的进步，青少年早恋已成为现代社会面临的新问题。促成早恋的因素包括以下几个方面：

①青春期性生理和性心理发育的自然本能作用。进入青春期的青少年随着生理的发展开始产生性意识。他们开始敏感地看待男女同学间的交往，他们注视着异性同学有关自己的一举一动。逐渐地，在众多的男女共同交往中逐渐由对群体异性的好感转向对个别异性的依恋，形成一对一交往的行动，即进行早恋。

②青春期教育的缺乏。青春期如何进行健康的异性交往，如何正确区分友情与爱情等，青少年缺乏这些知识，又尢行为规范训练，客观条件往往也造成与异性交往的阻力，缺乏与异性朋友建立纯真友谊的条件。

③青少年独立意识的作用。他们对成人世界盲目向往和追求，以为能恋爱就代表自己的成熟，而忽视了自身心理素质的培养、锻炼和提高，是缺乏理智的表现。

④学校中一些因素的影响。这方面的例子包括，班干部因工作上接触的机会多，被双方的工作能力和性格所吸引；有些同学的学习压力大，为了寻求刺激；有些同学对学习失去兴趣，把精力转移到对异性的追求上，以填补精神上的空虚；校园里一些同学公开早恋的诱惑；等等，都是促成早恋的因素。

⑤家庭因素。早恋与家庭有着密切的关系，比如，父母离异，孩子缺乏家庭的温暖；父母缺乏对孩子进行性知识教育，使孩子不能正确处理异性之间的关系；父母在孩子面前过分亲昵；对孩子所看的书籍、影视录像等不加限制；有的家长对孩子的异性交往不加以指导；等等，都是促成早恋的因素。

⑥社会因素。受到一些社会现象的影响容易引发“早恋”行为。

然后，请同学们讨论自己对于早恋的看法。

在学生们的愉快讨论中，大家学会了该项知识。

3. 巩固提问

这节课主要讲了早恋的类型及表现、早恋的原因等内容。请同学们回忆一下，并正确地说出来。

4. 课堂小结

今天真是收获不少，学到了很多有关青春期“早恋”方面的知识。同学们，我们一定要牢记早恋行为的类型、表现及原因，懂得“早恋”的积极和消极的影响，正确地应对“早恋”行为。

【简要评析】

上面是教师在课堂对学生的“早恋”问题进行有效教育教学的过程，在轻松的教育教学过程中让学生们熟悉和掌握必要的应对和处理“早恋”问题的正确的方式，起到了培养学生正确意识、维护学生身心健康的目的，同时还进一步开阔了学生们的眼界，是一个典型的有关“早恋”问题的教学设计。

【例2】

“早恋”行为需引导

（一）教学目标

（1）使学生了解与掌握有关早恋的基本知识。

（2）通过教学过程的开展，使学生认识到“早恋”行为的影响和危害，引导学生正确处理早恋问题。

（3）教会学生懂得早恋的特点、表现及原因，教会他们在遇到“早恋”困扰时要及时与教师或家长进行沟通，正确应对早恋问题。

（二）教学过程

1. 谈话导入，揭示课题

（1）通过相关“早恋”问题的图片导入，引导学生谈感受，体会由于没有正确处理“早恋”问题而给学生们的身心健康甚至是生命带来的危害与影响。

（2）教师小结：随着社会的进步，青少年早恋已成为现代社会面临的新问题。如何才能做到正确应对和处理“早恋”问题呢？

2. 真实再现，警钟长鸣

(1) 首先，请学生了解有关的因为没有正确处理“早恋”问题而引发的身心受伤甚至是付出鲜活生命的事故案例，想一想，这几个案例分别讲述了什么内容？你有什么感想？

(2) 学生们还从课外收集到了哪些应对“早恋”的正确措施？通过学习本节课，有什么感受和体会？

引导学生展示搜集的资料，进一步深化对“早恋”危害的认识。

(3) 老师搜集了一部分关于“早恋”危害的资料，请大家观看阅读后在小组内交流感受和体会。

播放课件，展示更加丰富的相关文字、图片和视频资料，引导学生在小组内交流感受和体会。

3. 行动在线，情景模拟

(1) 了解了不正确、不恰当地处理“早恋”行为的危害后，那么，我们如何才能够远离消极影响，正确、恰当地应对和处理“早恋”行为呢？

(2) 学生思考后交流下列问题。

①“早恋”行为的概念、特征、类型、形成原因以及正确应对“早恋”现象的引导措施等相关知识，你都知道吗？

②你对“早恋”的看法，是支持还是反对？为什么？

(3) 小组合作，情境模拟演示，教师引导、学生适时评议并进一步探究缘由。

4. 拓展延伸，巩固提升

(1) 学生思考：我们在处理“早恋”问题时，所持的态度一定就是消极否定的吗？为什么？

重点引导学生根据自己上学、放学的方式来具体谈。

(2) “早恋”的积极影响有哪些？

先引导学生自己谈理解、谈体会，然后在小组内交流，进一步理清认识。

小组汇报交流，老师引导学生进行合理补充。

5. 回顾总结，畅谈收获

引导学生交流学习本课后的感想和收获。

6. 布置作业

继续搜集有关“早恋”问题的积极和消极影响方面的案例，辩证地思考“早恋”行为对青少年学生的影响，使学生们学会用正确的态度去看待和认识“早恋”问题，并且学会用正确的方式、方法去应对和处理“早恋”问题。

【简要评析】

上面的教学设计主题鲜明，内容生动，意义深刻，是教师对学生的“早恋”问题进行有效引导的典型实例。通过上面的教学设计，教师在遇到学生“早恋”问题时，不必大惊小怪，更无须“惊涛骇浪”，扯破“早恋”的纱衣。相反，以柔和的春风，欢快的语言，代替简单粗暴的批评；以尊重、理解、平等去对待“早恋”的弱小心灵，这反而能更好地引导学生愉快走出心海的旋涡。总之，教师应该选择学生可接受的教育方式，帮助他们早日走出心灵的困境，让我们的学生开朗、自信、快乐、健康地成长，是时代赋予教师工作的新要求。本教案实例能够让学生在轻松的教育教学过程中熟练掌握应对和处理“早恋”问题的方式，也是一个比较典型的教学设计。

三、教学素材

背景资料

如今的小学生到了六年级，或许是生理的“早熟”，或许是社会环境的干扰影响。最近这几年，我们六年级的学生中常闻“某某给某某传纸条”“谁给谁送礼物”“谁爱上谁了”。我们这些班主任总会感慨：“现在的小学生很多都学会‘早恋’了！我们该怎么办呢？”

学生 1：男生小锋，长得比较高大，也比较帅气，免不了引起本班女生和其他班女生的注意。因此，也免不了困扰与烦恼。

学生 2：男生小健，相貌一般，性格比较内向，懒惰，经常不交作业，却偏偏喜欢同班一位漂亮女生——中队长小琪，并暗中悄悄买礼物送给她，致使学习成绩越来越差，偶尔还会偷家里的钱。

相关案例

故事1：小锋收到一封密信

一天，小锋惶恐地告诉我，他收到了一位朋友帮他转来的一封“密信”。他请求我千万不要告诉那位写信的女生，更不要告诉校长。我打开信一看，只见信上写着一句话：“我喜欢上你了！”我看了，心中不禁泛起涟漪，但很快又平静下来。我不以为意地笑着对小锋说：“很平常的一句话呀！她说喜欢你，就是证明你有优点，老师当年也收过不少这样的信哦！能得到别人喜欢、赞赏是好事情。如果你也说：‘老师，我喜欢上你了。’那老师就更开心啦！”说着，小锋“嘻嘻”笑了。那一点朦胧的羞涩在笑声中抚平了。

故事2：小健想送情侣表

“张老师，郭志健的书柜里有两块新手表！放了好几天了，不知从哪来的。”我们班的“小灵通”陈小业趁着大家都去上体育课了，他悄悄跑到办公室告诉我。我来到教室伸手往郭志健的书柜一摸，果然，一个红色的盒子里装着两个精致的“情侣表”。“好个郭志健，买这么贵重的东西想送给谁呢？他的钱是从哪里来的呢？”该怎样教育这样一个懒惰不思进取的学生呢？我在思考着。我决心来一个明察暗访，顺藤摸瓜。我把表照旧放回原处。当同学们上完体育课后，我把郭志健叫到校园一角，我没有提手表的事，而是跟平常一样和颜悦色地与他聊天，和他谈升学考试、毕业分别的事情，我随之坦然地告诉他有关我读书毕业的一些趣事，当听到我说有男同学给我送礼物的事情时，他突然结结巴巴地问我；“你有没有收下男同学的礼物？”我说：“我会收下我喜欢的男同学的礼物，不喜欢的不收。”这时，他有点天真地问我：“老师，如果我送礼物给女同学，她会不会收呢？”我说：“你现在最好别送，因为你现在学习成绩这么落后，别人笑你‘癞蛤蟆想吃天鹅肉’怎么办？如果你想让别人喜欢你，最好抓紧时间学习，使自己不断进步。到你‘棒’起来之后，你再送给她，好吗？”我把手搭在他的肩膀上，轻轻地拍了几下，我在期待着他的答案。但他没有说什么，低着头走了。当天下午放学后，我决定乘机到他家进行家访，顺便了解一下他在家里的情况（我事先没有跟他说去家访，而是跟他妈妈约好见面再谈）。他见到我时，显得很慌张，结结巴巴的。万万想不到的是，我看到他的小房间的墙壁上用红笔写满了大大的字——“琪”！我的心顿时感到一阵沉重！我难以预料一个六年级的学生有这样的“相思”行为！但我装着没有看见，与他妈妈镇定自若地谈着他最近在学校的事，我赞扬他的“真诚，与同学团结相处” 等优点。我在静静地呼唤着他心灵的觉醒。出乎意料的是，第二天，他悄悄地找到我，闪着泪花对我说：“老师，请帮我保管这盒装手表，好吗？”说着，他哭着告诉我，他偷了家里的68元钱，他恳求我千万不要告诉他的家长，他不敢把表带回家，他怕爸爸会打死他，因为他在四年级时曾因偷家里的15元钱被爸爸打得几天走不了路。在一个对着我如此坦诚又遭过如此惨境的学生面前，我的心被感动了。最后，我答应帮他保密。他答应努力争取各方面的进步。同时，我把事情的原委告诉他的家长，并恳求他们把这件事当作未发生一样，相信老师会给他教育转变的机会。结果，他彻底变了，变得勤奋好学，积极上进，学习成绩也跟着突飞猛进。从此，再也没听说他偷钱的事了。在他六年级毕业离开母校的那一天，我亲手把手表送回给他。而他，决意要把其中的一只女装表送给我，就这样，我用一颗善良的心挽救了一个懒惰考试不及格的“小偷”学生，挽救了一颗受伤的善良的心，帮他走出了情感的困境。

[案例反思]

人们常说：“没有爱就没有教育，爱是学生健康成长的原动力。爱是照亮学生心灵的灯烛，是通往学生心灵的桥梁，是打开学生心灵的钥匙。”面对小学生出现的情感问题，我们巧用阳光行动——爱的情感、爱的教育机制，是成功转化问题学生的关键。上述案例中的小锋，因“被恋”而慌张；案例中的小健，因“暗恋”而迷失，而老师平静的态度、平等的对待和包容的爱似一缕阳光、一捧雨露，润泽学生的心田，消除那朦胧的羞涩，唤醒学生的心灵。的确，现在的小学生有出现所谓的“早恋”，他们或暗中传送小纸条，或在QQ里说悄悄话，或频频打电话，有个别同学的确陷入情感的困境。出现这些现象，有社会的传媒影响的因素，有学校教育、家庭教育的责任，也有他个人的性格、生理等的原因。但绝大多数是一种非常朦胧的模仿行为。他们一般是模仿电视、网络、卡通漫画之类的“恋爱”，老师不必大惊小怪，更无须“惊涛骇浪”，扯破“早恋”的纱衣。相反，以柔和的春风、欢快的语言，代替简单粗暴的批评；以尊重、理解、平等、善良的心呼唤“早恋”的弱小心灵，代替急躁的告状家长，这反而能更好地引导学生愉快走出心海的旋涡。总之，选择学生可接受的教育方式，帮助他们早日走出心灵的困境，让我们的学生开朗、自信、快乐、健康地成长，是时代赋予我们教师工作的新要求。

四、知识链接

我们应该如何正确对待和引导青春期学生的“早恋”问题

1. 提高认识，着重疏导，不可盲目地批评和粗暴地扼杀

早恋通常意义上是指发生在生活、经济上还不能完全独立，同时又比法定结婚年龄小很多的青少年这一特定群体里的恋爱行为。对待这个问题的态度只能是积极疏导和适当限制，而不是盲目地批评和粗暴地扼杀。否则很可能造成孩子逆反心理或恐惧心理，导致不能正确处理和异性之间的关系，从而为以后的恋爱、婚姻埋下隐患。“单纯地表示好感其实不值一怪”，但在小学生的头脑中那种朦胧的两性概念，却能导致他们做出“出格”的行为。因此，面对小学生“早恋”行为，教师（尤其是班主任）应该加以恰当的引导，告诉他们什么是健康的“爱”。

2. 加强沟通，生活和感情上给予尊重和关爱

在发生早恋的小学生中，绝大多数都涉及问题家庭。有的家庭父母离异，有的家庭存在暴力，有的家庭婆媳关系紧张，等等。这些家庭的孩子在生活上享受不到家庭成员之间的宽容和关爱，感情上缺乏温暖和尊重。大人们疲惫于生活，繁忙于工作，没有时间关注孩子的需要，忽视了孩子在成长过程中的生理和心理的发展问题。于是，在这样的家庭环境中长大的孩子就非常渴望有人分担他（她）的心事，有人给予他（她）理解和抚慰，而此时，情窦初开的异性同学就成了最好的倾诉对象。小学生的人格还处于不完善阶段，教师的批评、学习的压力都会成为他们幼小心灵的天平向同龄异性倾斜的动力。因此，对于小学生发生的早恋行为，教师首先要做

的不是对孩子的训斥，而是应该反省自身在日常的生活中是否经常和孩子沟通，是否给予了孩子足够的尊重和温暖。当孩子把老师当作自己的朋友，什么心里话都愿意和他交流时；当老师成为孩子亲密的朋友，成为他们信赖的人，能理智地帮助他们分析利弊时，早恋的害处就不会很严重了。

3. 开展活动，友爱互助，积极倡导同异性的健康交往

在青春期对异性产生朦胧的好感甚至在一定程度上的“单相思”，这也是一种正常的心理过程，所以，在处理这个问题时，不能把学生的这种思想倾向过早地定义为早恋。一般情况下，这些学生当初仅仅表现为交往过密而已。但是，由于老师把他们视作大逆不道、伤风败俗，过分严厉地批评，一下子就会把孩子吓坏。在他们处于孤立无援的状态下，教师的行为往往促成了孩子的早恋。因此，在早恋问题的处理上既要提高警惕，又不能失之过严。